エトムント・フッサール
(Edmund Husserl, 1859-1938)

　現象学の創始者。オーストリア帝国領プロスニッツ（現チェコ共和国プロスチェヨフ）生まれ。最初，数学研究に取り組むが，ウィーン大学でブレンターノの講義を聴くにおよび，哲学を生涯の仕事とすることを決意。ドイツのいくつかの大学で教鞭をとり，『論理学研究』『イデーンⅠ』などを生前に公刊した。ユダヤ系の出自であったため，没後，ナチスドイツの迫害を逃れるべく大量の研究草稿がベルギー・ルーヴァン大学に運ばれ，戦後，遺稿をもとに，『イデーンⅡ』など多くのテキストが出版された。

写真：ユニフォトプレス

　フライブルク大学教授時代にフッサールが住んでいた家（左）と，その壁に埋め込まれているプレート（中央）。そして，現在はルーヴァン大学フッサール文庫に保存されている当時のフッサールの書斎机（右，いずれも榊原撮影）。彼は書きながら考える哲学者だった。後期フッサールの思想はすべて，この家のこの机で生み出された。

マックス・シェーラー
(Max Scheler, 1874-1928)

　ドイツの哲学者。『論理学研究』のフッサールから影響を受け，いわゆるミュンヘン学派の指導者の一人となった。フッサールが主宰し1913年に創刊された『哲学および現象学的研究年報』の編集者の一人となり，第1巻と第2巻に『倫理学における形式主義と実質的価値倫理学』を発表。現象学的倫理学を構築したことで知られる。本書のテーマとの関連では，『共感の本質と諸形式』での他者理解に関する現象学的分析が注目される。

写真：ユニフォトプレス

マルティン・ハイデガー
(Martin Heidegger, 1889-1976)

　ドイツの哲学者。フッサールから「現象学的に見ること」を学び, 独自の現象学的存在論を展開。1927 年に刊行された『存在と時間』は, 未完の書物であるにもかかわらず, 20 世紀を代表する哲学書の一つとなり, 今日のケアの現象学の展開にも大きな影響を与えた。なお, 本書では主題から逸れるので扱わないが, 1930 年代の「転回」を経て彼の思想はさらに独自の存在論へと展開した。また, 彼のナチスドイツへの関与は現在も大きな議論の的である。

写真：ユニフォトプレス

　ドイツ南西部メスキルヒにあるハイデガーの生家(左)と聖マルティン教会(中央)。メスキルヒの墓地にあるハイデガーの墓(右, いずれも榊原撮影)。樽や桶を作る職人であったハイデガーの父はこの教会の堂守でもあり, ハイデガーのファーストネームであるマルティンはこの教会にちなんで名づけられた。今は生まれ故郷の墓地に妻とともに眠っている。

アンリ・ベルクソン
(Henri Bergson, 1859-1941)

　20 世紀前半のフランス哲学を代表する哲学者の一人。高校の哲学教師からコレージュ・ド・フランス教授。『時間と自由』『物質と記憶』『創造的進化』『道徳と宗教の二源泉』の四著が代表作。持続と生命の流動を根本に据え生成を重視する「生の哲学」の立場から, 個人から社会にまでつながる問題を一貫して研究した。日本の西田幾多郎などにも影響を与えた。1927 年ノーベル賞受賞。

写真：Roger-Viollet/アフロ

ジャン＝ポール・サルトル
(Jean-Paul Sartre, 1905-1980)

第二次世界大戦後のフランスを代表する文化人の一人。戦前に高校の哲学教師を勤めたほかは，生涯在野にとどまり，文学，哲学，政治など，幅広い分野で活躍した。代表作は『嘔吐』『存在と無』『弁証法的理性批判』『シチュアシオン』など。『汚れた手』などの戯曲は現在も上演される。1964年ノーベル賞を辞退。

写真：Henri Cartier-Bresson/Magnum Photos/アフロ

モーリス・メルロ＝ポンティ
(Maurice Merleau-Ponty, 1908-1961)

サルトルの盟友であったが，サルトルと異なり，アカデミズムの世界を選んだ。リヨン大学，ソルボンヌ大学からコレージュ・ド・フランス教授。戦後サルトルと共に月刊誌「レ・タン・モデルヌ」を創刊し，実質的な編集長として主導。代表作は『知覚の現象学』『眼と精神』など。現象学をフランスに根付かせた一人であるが，心臓発作で早逝。

写真：ユニフォトプレス

エマニュエル・レヴィナス
(Emmanuel Lévinas, 1906-1995)

リトアニア出身。ユダヤ教の家庭で育つ。フライブルク大学にてフッサールとハイデガーに学び，1930 年，24 歳で執筆した『フッサール現象学の直観理論』はフランスへの現象学導入に大きな役割を果たした。フランスでは東方イスラエル師範学校校長として長く勤め，主著『全体性と無限』出版の 1961 年にようやく大学での教職に就く。1970 年代後半から注目されはじめ，晩年まで旺盛な執筆活動を続けた。

写真提供：PPS 通信社

ヒューバート・L・ドレイファス
(Hubert Lederer Dreyfus, 1929-2017)

アメリカの哲学者。現象学についてのユニークな解釈と人工知能に関する独自の研究で知られる。人工知能の限界を示した著作としては『コンピュータには何ができないか』（原著初版 1979 年）があり，ハイデガー『存在と時間』第一部第一篇に関するユニークな研究としては『世界内存在』（原著 1991 年）がある。ベナーの現象学的看護理論に大きな影響を与えた。

写真：ユニフォトプレス

パトリシア・ベナー
(Patricia Benner, 1942-)

アメリカ看護学界を代表する看護実践と看護教育に関する理論家の一人。ヒューバート・ドレイファスが弟とともに開発した技能習得に関する 5 段階のモデルを看護実践に適用した 1984 年の『初心者から達人へ』（邦訳『ベナー　看護論』）は世界的に注目された。本書では，ドレイファスからハイデガーとメルロ＝ポンティの現象学の思想を学んで著した 1989 年のルーベルとの共著『気遣いの第一義性』（邦訳『現象学的人間論と看護』）が詳しく扱われる。

写真：ユニフォトプレス

セザンヌによる「サント・ヴィクトワール山」(第8章参照)

1900 年頃, 水彩,
ルーヴル美術館所蔵

写真：ユニフォトプレス

1904/1906 年頃, 油彩,
バーゼル美術館所蔵

写真：バーゼル美術館

フランス・プロヴァンス地方の
都市エクス・アン・プロヴァン
ス郊外にあるセザンヌのアトリ
エ近くのローヴの丘から見たサ
ント・ヴィクトワール山。セザ
ンヌはここから見た風景を何枚
も描いている。

写真：アフロ

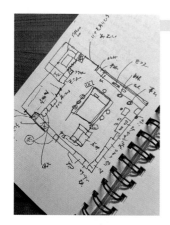

フィールドメモ

　フィールドワーク中に, 見聞きしたことをメモする手帳である。文字のみでなく, 場所(ここではナースステーション)の広さやモノの配置を記録することもある。フィールドメモを整理してフィールドノーツとする。

IC レコーダーとフィールドメモ

　インタビューの際は, 音声を録音して記録する。録音ミスを回避するために, 2台で同時に録音する。フィールドメモには, 気になったことなどを書き込む。

救急カート

　心肺停止や呼吸停止など, 患者が急変をした際に, 初期対応を素早く行うため, 呼吸・循環管理に必要となる薬剤, 器材を収容したカートである。赤色などの目立つ色をしており, いつでも使用できるよう整備されている。

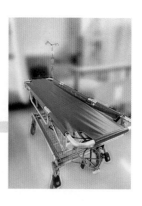

ストレッチャー

　移動用の車輪付き簡易ベッドであり, 歩行や車椅子での移動が困難な患者の搬送に用いられる。点滴スタンドや酸素ボンベなどが積載でき, 高さを変えることもできる。

本ページの写真, いずれも西村撮影

現代に生きる現象学

― 意味・身体・ケア ―

はじめに

　「現象学」は，20世紀初頭にドイツ系の哲学者フッサール（Edmund Husserl, 1859-1938）によって創始され，その後，ドイツの哲学者シェーラー（Max Scheler, 1874-1928），ハイデガー（Martin Heidegger, 1889-1976），フランスの哲学者サルトル（Jean-Paul Sartre, 1905-1980），メルロ＝ポンティ（Maurice Merleau-Ponty, 1908-1961），さらにリトアニア出身でフランスに帰化したユダヤ系哲学者レヴィナス（Emmanuel Lévinas, 1906-1995）らによって独自の仕方で受け継がれ，20世紀に「現象学運動」と呼ばれる一大思想運動として展開された哲学である。その結果，現象学は現代哲学の主要潮流の一つに位置づけられるまでになったが，「現象学運動」の展開のなかで，哲学の領域にとどまらず，社会学や宗教学，教育学，法学，さらには精神病理学や看護学等にも大きな影響を与えた。そして，これらの領域においても多様な成果を生み出しつつ，現代に至っている。

　こうした現象学の多様な展開のなかで注目すべきものの一つに，看護を中心としたケアの営みに関する現象学的研究——「ケアの現象学」——がある。本書『現代に生きる現象学——意味・身体・ケア』では，とりわけこの「ケアの現象学」に注目し，現代における「ケアの現象学」の展開に至るまでの現象学の歩みを，フッサールにおける現象学の成立から辿っていく。そして，「ケアの現象学」において，現象学がどのように生かされているのかを明らかにすることで，現象学という哲学の現代的意義の一端を改めて考えてみることにしたい。

　本書の執筆は，フッサール現象学の研究を中心にハイデガーの現象学やケアの現象学の研究を行っている榊原哲也（第1～4章および第10～11章）と，メルロ＝ポンティの現象学の研究を中心にフランス哲学

を専門とする本郷均（第5〜9章）が主に担当したが，現代における「ケアの現象学」の現状をご紹介いただくべく，我が国における現象学的看護研究の第一人者・西村ユミ氏に分担執筆者として第12〜14章の執筆をお願いした。そして最後の第15章は，3名の執筆者が各々，第1〜14章までを振り返りつつ「現代に生きる現象学」についての考察を寄せ合う共同執筆の形をとった。

　コロナ禍のなか，数回にわたる執筆に関する打ち合わせはすべてオンラインで行わざるを得なかったが，執筆者各々の専門や特性を生かしながらのコラボレーションによって，現象学という哲学の現代に至るまでの展開について，他に類を見ない新たな光を当てることができたのではないかと思う。

　本書で参照ないし引用されている文献については，各章末ではなく，巻末に一括して「文献表」としてまとめ，各章の本文や注においては，文献表に示されている個別の略号〔たとえば Hua III/1, SZ, PP など〕によって，また略号がない場合には，著者名（出版年）〔たとえば Spiegelberg（1982）〕によって指示されているので，注意していただきたい。

　欧文の文献からの引用で，邦訳のあるものについては，原著のページ数に加えて，できる限り邦訳のページ数もスラッシュで挟んで併記した。しかし，個々の文献の事情もあるので，詳しくは文献表に記載された各々の文献に関する説明を参照していただきたい。訳文は，行論の都合等により，必ずしも邦訳と同じではない。訳者諸氏のご寛恕を請う。

　末筆ながら本書の執筆の機会を与えてくださった放送大学教授・魚住孝至先生に心より感謝を申し上げたい。また編集を担当してくださった小野美絵子さんにもこの場を借りて謹んでお礼を申し上げたい。

2023年1月　著者

目次

6

1 | 現象学とはどのような哲学か
：フッサール現象学の成立

榊原哲也

《**目標＆ポイント**》「現象学」という哲学の思想史的背景と，この哲学が「意味」経験の成り立ちを明らかにすることを本質とする哲学であることを理解する。また，現象学の創始者フッサールにおける「現象学」の成立から中期『イデーンⅠ』までの展開を理解する。
《**キーワード**》 フッサール，意味，意識の志向性，現象学的還元

1．「現象学」とはどのような哲学か

（1） 現象学の思想史的背景

「はじめに」に述べたように，「現象学」は，20世紀初頭にドイツ系の哲学者フッサールによって創始され，その後，ドイツの哲学者シェーラー，ハイデガー，フランスの哲学者サルトル，メルロ=ポンティ，さらにリトアニア出身でフランスに帰化した哲学者レヴィナスらによって独自の仕方で受け継がれ，20世紀に「現象学運動」[1]と呼ばれる一大思想運動として展開された哲学であるが，その展開を改めて振り返ってみると，現象学という哲学が成立した思想史的背景が見えてくる。まず，そこから話を始めよう。

近世に成立した自然科学は概して，自然現象を数量化して記述し，そこに数学的な自然法則を見出すという方法をとるが，19世紀ヨーロッパでは，自然科学の発展を背景に，実証主義（positivism）の考え方が

---

[1] cf. Spiegelberg（1982）.

広まった。実証主義とは，哲学者であり社会学の創始者でもあるコント（Auguste Comte, 1798-1857）が体系化した思想で，形而上学的思弁に対して，観察や実験などの経験によって実際に検証されうる知識のみを真に科学的な知識と認める立場をとる。この実証主義の考え方の拡がりによって，観察や実験によって得られる経験的データに基づき，それを数量的に規定していく自然科学的方法が広く人文・社会科学の領域にまで求められるようになっていったのである。

　ところが19世紀末になると，こうした考え方はその一面性がさまざまに批判されるようになった。たとえば，数学的な処理を重視する自然科学的方法によっては，私たちにありのままに経験される物事の「意味」を捉えることができない。なぜなら，「意味」は数量化されないからである。フッサールを創始者とし，のちにハイデガーやメルロ=ポンティらに受け継がれる「現象学」の思想は，現代から振り返ってみると，このような数学的・実証的な科学的認識への批判的諸動向の一つとして成立したと見ることができる。「現象学」という哲学の根本動機の一つは，自然科学的な方法論の一面性を批判し，そこに潜む先入見を取り払い，ありのままの直接的経験に今一度立ち返ろうとするところにあったと言うことができる。

（2）意味の成り立ちを明らかにする哲学

　以上のような思想史的背景を踏まえると，「現象学」は，物事を数量化して自然科学的に捉える見方をひとまず棚上げし，さまざまな「意味」を帯びて物事が直接ありのままに経験されるその現れ（＝現象）にまずもって立ち返り，そうした意味現象・意味経験の成り立ちを明らかにしようとする哲学として展開してきたと言うことができる。

　しかしこのように言うと，読者のなかには，現象学が言うところの

「意味」とはそもそも何なのか，という疑問をもつ方もいるかもしれない。というのも，一般には「意味」とは，国語辞典を繙けば明らかになるような言葉の意味（すなわち言葉が示す内容）のことだと理解されているからである。

　けれども，現象学という哲学がその成り立ちを明らかにしようとする「意味」は，もっと広く，私たちが物事を経験したり人々に出会ったりしたときなどに経験するある種の方向性のことを指している。たとえば，——

①ある方向が示される（例：重い疾患から奇跡的に回復してこれまでの生き方を見直した／あの人に出会って，これからの人生の方向が定まった／あなたの言いたいことの意味がようやくわかった）
②ある方向へ促される（例：苦しそうにうずくまっている老人を見て，思わず手を差し伸べた）
③ある方向への動きが促進される（例：本書の内容は自分の仕事にとって意味があった）
④ある方向への動きが妨げられる（例：重い疾患によって，趣味であり生きがいでもある海外旅行に行けなくなった）
⑤方向がまったく見失われる（例：あなたが何を言いたいのか意味がわからない／故郷が津波に襲われ，そのあまりに悲惨な光景を前に，立ち竦むしかなかった）

——そのような経験において経験される方向性が「意味」（⑤の場合は「無意味」）である。

　これらは，あらゆる「意味」を網羅したものではないが，「意味」が経験におけるある種の方向性であることを理解するのには十分であろ

う。言葉が意味をもつのも，言葉を見たり聞いたりする経験においてその言葉がある内容を指し示す方向性を有するからである。

　これらの「意味」は，数量化して捉えることができるようなものではないし，一見してそう思われるような単なる心理的事象でもない。②で示した例は明らかに，心理面と身体面とにまたがって経験される方向性である。

　また，これらの「意味」ないし方向性は，同じ物事や出来事であっても，個々人によって，たとえばその人が何を大事にし，どのようにそれまで生きてきたか等に応じて，さまざまに異なって経験されうるという側面をもつ。しかし，個々人によって異なりうるからと言って，単に「主観的」で，学問的な価値のないものとして切り捨ててよいわけでは決してない。むしろこれらの意味ないし方向性は，上に示した①や③の例から明らかなように，私たちがこの世に生まれ，生きていく「意味」——生きることの意味・人生の意味——に直結しうるきわめて重要なものである。

　「現象学」と呼ばれる哲学は総じて，このような種々の意味現象・意味経験の成り立ちを明らかにする哲学として展開していった。そしてこのことが，「ケアの現象学」に見られるような，現代における現象学の展開に繋がっているのである。

　「はじめに」において述べたように，本書では，とりわけこの「ケアの現象学」に注目し，現代における「ケアの現象学」の展開に至るまでの現象学の歩みを，フッサールにおける現象学の成立から辿っていく。しかし，現象学の創始者フッサールにおいて，初めからこのような展開が自覚的になされていたわけではない。フッサールが当初見つめていた「意味」は，現在から振り返ってみれば，きわめて限定されたものであった。けれども，「ケアの現象学」に至る展開を深く理解するために

は，フッサールにおける現象学という哲学の成立を，まずもって振り返る必要がある。そこで以下，この章ではまず，本書に必要な限りで，フッサール現象学の歩みをその思想の中期まで辿ることにしたい。

2．フッサール現象学の成立

（1）数の概念の起源

　フッサール（Edmund Husserl, 1859-1938）が，学問上のキャリアを数学の研究から始めたことは，比較的よく知られている。1882 年，ウィーン大学に「変分法論考」という数学上の論文を提出して博士の学位を取得したフッサールは，その後，ベルリン大学で当時の大数学者ヴァイアーシュトラース（Karl Weierstrass, 1815-1897）の助手を一時期務めたのち，ウィーン大学で記述的心理学による哲学の基礎づけを目指した哲学者ブレンターノ（Franz Brentano, 1838-1917）のいくつかの講義を聴くに及んで，「生涯の仕事」として「哲学」を選ぶ決意をする。こうして，哲学上の研究として最初に結実したのが，ハレ大学のシュトゥンプフ（Carl Stumpf, 1848-1936）のもとに提出された教授資格請求論文「数の概念について――心理学的分析」（1887 年）であった。

　この論文においてフッサールは，「数」の概念を「数える」という心理的作用から考えるヴァイアーシュトラースの考え方を背景に，心理学によって数学の基礎にある「数」の概念の分析を行い，「数の概念の内容と起源」を明らかにしようとしたが，その際手がかりにしたのが，〈心理現象は内容ないし対象への志向的関係をもつ〉というブレンターノの思想であった。この思想は，言い換えれば，〈心に何かが現れる場合，その内容ないし対象は心にいわば内在しており〔＝志向的内在〕，心はそれを志向しつつ，それに関係している〔＝志向的関係〕〉という

14

ことだが，フッサールはこの思想から大きな影響を受け，数の概念の起源をおおよそ以下のように明らかにした。すなわち，心が自らのうちに何らかの諸内容を表象し，その内容を捨象しながら取り集めて結びつけ〔＝集合的結合〕，それらを「一つと一つと一つ……」と数えることによって，「数」（たとえば3）の概念は成立する（Hua XII, 335, 336f.)[2]。数えるという心理的作用がもつ，諸内容を取り集めて結びつける集合的結合という働きは，（ブレンターノの言う）心に内在する諸内容ないし諸対象への志向的関係の一つであるが，数の概念の起源は，まさにこの集合的結合としての「数える」作用，言い換えれば，「諸内容を統合しつつ包括し」「総体を成立させる心理的作用」（Hua XII, 333）に求められるのである。

（2）意識の志向性と意味のイデア性

　本書にとって重要なのは，ここでフッサールが「数の概念の内容と起源」を，「数える」という心理的作用に求め，この作用の内に，表象され心に内在する諸内容への志向的関係として，諸内容を統合しつつ包括し総体を成立させる志向的な心の働きを見て取ったことである。その後，フッサールは1890年代初めごろには，〈内容ないし対象への志向的関係〉というブレンターノの思想においては曖昧だった「内容」と「対象」の関係について，ボルツァーノ（Bernhard Bolzano, 1781-1848）が呈示した「丸い四角」のような〈対象は存在しないが意味はもつ表象〉の問題をめぐって，表象の「内容」（ないし「意味」）と，表象が関

[2] フッサールのテキストからの引用は，慣例に従い，ドイツ語のフッサール全集（Husserliana）の略号 Hua のあと，巻数をローマ数字で，ページ数をアラビア数字で表記して示す。本書で参照される巻は巻末の文献表に挙げられている。引用に際しては，邦訳がある場合は可能な限りそれも示す。ただし訳語は変更している場合がある。

係する「対象」とを明確に区別するようになる。表象の「対象への関係」は，表象の「内容」ないし「意味」によって「媒介される」のだ（Hua XXII, 337f.）。こうしてフッサールは，ブレンターノの〈心に内在する内容ないし対象への志向的関係〉を〈心理的作用が意味を介して対象に関係すること〉として次第に捉え直していく。意味の成り立ちの解明において今後重要となる〈意識の志向性〉という彼独自の概念が徐々に形作られていくのである。

　その際，フッサールは上述の「意味」を，ボルツァーノの『知識学』とロッツェ（Rudolf Hermann Lotze, 1817-1881）のプラトン・イデア論解釈から決定的影響を受けて，〈人間がそのつど心に抱く時空的に限定された心理的なもの〉としてではなく，〈時空に限定されない永遠不変のイデア的なもの〉として捉えた。それは，当時のフッサールの関心が，数学のみならず，諸学の基礎としての論理学の諸概念，諸命題の意味とその起源に向けられていたからだが，「意味」がこのようなイデア的意味として位置づけられると，〈意識の志向性〉は，〈心理的作用がイデア的意味を介して対象に志向的に関係する〉という事態であることになり，この志向性に数学や論理学の諸概念，諸命題の意味とその起源が求められることになる。しかし，これは，〈数学的・論理学的諸概念，諸法則のイデア的意味の起源が，時空に限定された実在的な心理的作用に求められる〉ということ，言い換えれば〈数学や論理学の諸概念，諸命題のイデア的意味を実在的な心理的作用が志向的に構成する〉ということにほかならず，一見きわめて逆説的な事態である。実はこの困難な事態の解明こそ，現象学誕生の書『論理学研究』をフッサールに執筆させた決定的要因であった。

（3）『論理学研究』——現象学の誕生

　『論理学研究』は第一巻「純粋論理学序説」（=Hua XVIII）が 1900 年に，第二巻「現象学と認識論のための諸研究」（=HuaXIX/1, Hua XIX/2）が 1901 年に公刊された。第一巻では，数学も含め諸学の基礎をなす論理学の諸概念，諸命題の（意味の）イデア性を明らかにし，これらイデア的な諸概念，諸命題を学的に扱う「純粋論理学」の理念が呈示され，第二巻には，〈イデア的意味を心理的作用が構成する〉という事態を解明する諸研究が収められた。「現象学」はこのなかで，第二巻冒頭の「序論」において「純粋論理学の認識論的基礎づけ」のために要請される。ここに現象学が誕生する。

　まず第一巻の内容から見ていこう。フッサールは，かつて教授資格請求論文「数の概念について」やそれをもとにした最初の著作『算術の哲学』（1891 年）で自らが採用していた，数学的諸概念の心理学的な起源を問い，数学を心理学によって基礎づけようとする立場——ひいては諸学問を心理的作用の産物とみて心理学によって諸学を基礎づけようとする立場——を「心理学主義」と呼んで，徹底的に批判する。たとえば，矛盾律〔A は非 A ではない〕は，心理的諸経験から導き出されたものではなく，誰がいつどのように心に抱いたかといった心理的条件には全く左右されないイデア的なものである。こうして，イデア的な論理学的諸概念，諸法則を扱う「純粋論理学」の理念が呈示される。

　けれども，第二巻ではこの「純粋論理学」を認識論的に基礎づけることが必要だと説かれる。なぜなら，純粋論理学的な諸概念，諸法則が単に与えられているということに満足してしまうと，命題の意味が曖昧になって歪曲されたり，あとから別の概念が差し入れられたりすることが起こりうるからである。そのため，「論理学的諸理念つまり諸概念と諸法則を認識論的に明晰判明にする」という大きな課題が生じる。そして

この課題を果たすために「現象学的分析」が要請されるのである（Hua XIX/1, 9)[3]。

　では，具体的にどうするのか。フッサールによれば，論理学の諸概念は「直観」のうちにその「起源」をもつ。それらは，もともと「何らかの諸体験に基づく抽象」によって生じてきたのである。とすれば，私たちはそうした諸概念の「単なる記号的な言葉の理解」だけで満足してはならない。自ら「この抽象を新たに遂行」し，「顕在的に遂行された抽象において与えられているこのもの」こそまさに「法則表現において語義が思念している当のもの」であることを，「完全に展開された直観」に即して把握し確証しなければならない。このことこそ，「『事象そのもの』に立ち返る」ということである。

　しかも，「事象そのもの」に立ち返ってのこの把握と確証は，「繰り返し新たに」行われなければならない。したがって，私たちは「再生可能な直観（ないしは抽象の直観的遂行）との照合を十分に繰り返すこと」によって意味をその不動の同一性において確保するよう，努力する必要がある。こうしてこそ，論理学の諸命題についての認識論的な「明晰判明さ」を獲得できる，とフッサールは考える（以上 Hua XIX/1, 10)[4]。

　したがって，論理学のイデア的な諸概念，諸法則を認識論的に明晰判明にするためには，当の諸概念，諸法則がそこから生じてきたその「起源」としての「諸体験に基づく抽象」を，直観的に再生したり新たに直観的にやり直したりして完全に展開し，それら諸概念，諸法則が生じてくる現場（「起源」）に自ら，しかも繰り返し立ち返らなければならない。そして，それらイデア的な諸概念，諸法則が心理的な作用の志向性によって構成されてくるという事態，すなわち「事象そのもの」を明らか

---

[3] 邦訳『論理学研究2』13頁。
[4] 同書 13-14 頁。

18

にしなければならないのである。

たとえば「A は非 A ではない」というイデア的な論理学的命題について，それを〈単なる記号的な言葉の理解〉に終わらせないためには，まさにそれを思考した「起源」としての心理的抽象作用に立ち返り，実際に何らかの事物を見たり，ありありと思い浮かべたりして，完全な直観を伴わせつつ「A は非 A ではない」という事態を抽象し，しかもこの作用を十分に繰り返し遂行しなければならない。そうすることによって，「A は非 A ではない」というイデア的命題の起源としての「思考体験」や「認識体験」の志向性が記述され，この論理学的命題が認識論的に明晰判明になり，基礎づけられるのである。

『論理学研究』第二巻では，この思考体験や認識体験の志向性を記述する学として「現象学」が導入される。それは，物理的な刺激が原因となって心理現象が発生することを理論的に説明する経験的発生的心理学（cf. Hua XIX/1, 27)[5]とは異なり，そうしたあらゆる理論的仮定を排して，思考体験や認識体験などの心理的作用の「直観」に立ち返ってそれを記述する「記述的心理学」であり，しかもそれは，「完全に展開された直観」に即して，当の思考体験や認識体験を純粋に記述していく，「理論の単なる前段階」としての「純粋記述」の営みである（Hua XIX/1, 24-25)[6]。このような記述的心理学たる現象学の純粋記述によって，思考作用や認識作用一般の本質が見て取られ，たとえば「思考作用」が「対象への方向」をもち，自らのうちに要素として見出されないような「客観」を「表象し思念している」という事態（Hua XIX/1, 25)[7]，すなわち〈意識の志向性〉という事象が記述され，理解されると

---

[5] 邦訳『論理学研究 2』28 頁を参照。
[6] 同書 26 頁およびこの箇所につけられたいくつかの訳注を参照。
[7] 同書 26 頁。

フッサールは考えたのである。

　『論理学研究』第二巻には，以上のことが述べられた「序論」に続いて，六つの個別研究が収められ，それらを通じて，〈イデア的意味を心理的作用が構成する〉という一見逆説的な事態の解明が行われる。そして最終的には，抽象作用の基盤としての，事物を知覚する端的な感性的直観作用に関する現象学的分析と，感性的直観作用に基づけられた「範疇的直観」および「普遍的直観」の現象学的分析によって，この事態は解明されようとしたのだと考えられる。

　「範疇的直観」とは，たとえば「この紙は白いのである（Dieses Papier ist weiß）」という知覚命題の全体が直観によって充実される場合に，感性的直観たる知覚によって充実される「紙（Papier）」と「白い（weiß）」以外の，「この（dieses）」と「～は～のである（ist）」という範疇的形式を充実する直観のことであり，また「普遍的直観」とは，たとえば赤いものの感性的直観に基づけられて「イデア化的抽象」を行い，「赤」という一般者（イデア）を見て取るような直観のことである（第六研究第六章「感性的直観と範疇的直観」）。感性的直観の枠を超えて拡大されたこれらの直観概念は，のちにフッサール現象学を支える二つの方法の一つ，「本質直観」へと彫琢されていくが，本書においては，この一連の現象学的研究のなかで，範疇的直観や普遍的直観の基盤としてこれらを基づける知覚などの感性的直観の志向的構造にも眼差しが向けられたことのほうが，より重要である。感性的経験という私たちのより基本的な経験の層の〈意識の志向性〉の働きにも目が向けられ，それに伴い，「意味」の概念も，感性的経験における意味（たとえば，知覚経験における知覚されたものの意味）にまで拡大されて考えられるようになったからである。これは，たとえば知覚において何かが何かとして意識に現れる経験が，〈意識の志向性〉の働きによるものとし

て捉えられ，何かとして知覚されるその内容が，「意味」として位置づけられたということである。これまで，数学や論理学の領域で〈意味を介して対象に関係すること〉として捉えられてきた〈意識の志向性〉は今や，より基礎的な感性的経験の層も視野に，〈意識に現れる何かを何かとして捉える意識の働き〉として理解される。こうして，『論理学研究』公刊後のフッサールは，感性的経験のさまざまな〈意識の志向性〉の働きに目を向け，それによって経験されるものの意味の成り立ちを明らかにしていく。またそれとともに，意識の志向性の働きという事象を明らかにする「方法」についても，考察を深めていくのである。

3. 『イデーンⅠ』——超越論的現象学の確立

フッサールは1913年，『純粋現象学と現象学的哲学のための諸構想』第1巻「純粋現象学への全般的序論」（以下，通称の『イデーンⅠ』と略記）（=Hua III/1）を，自らが主宰する『哲学および現象学的研究年報』の記念すべき第1巻への掲載論文として公刊し，「現象学」の構想を，その方法とともに初めて体系的に叙述したが，これが中期の主著となった。

（1）現象学的還元という方法

この書物では，〈意識の志向性〉の働きという事象を明らかにするための方法として，およそ本質を探究する諸学問に共通する「本質直観」（ないし「形相的還元」）と，現象学に固有な「現象学的還元」（ないし「現象学的エポケー」）という二つの方法が呈示されるが，本書においてとりわけ重要なのは後者である。

現象学的還元は，『イデーンⅠ』第二篇第一章第27〜32節において，「自然的態度の一般定立」を「遮断」して「自然的世界の全体」を「括

弧に入れる」手続きとして定式化される。私たちは日常のごく自然な生き方をしているとき，意識に現れる世界やそのなかの事物，生き物，そして私自身を含む人間たちを〈そこに存在するもの〉という意味でごく自然に捉えているが，このように，日常つねにすでに特に自覚することなく意識が行っている〈そこに存在するもの〉としての世界の定立が「自然的態度の一般定立」であり，「現象学的還元」とは，まさにこの「自然的態度の一般定立」を遮断し，〈そこに存在するもの〉として一般定立されていた「自然的世界の全体」をいわば「括弧に入れる」手続きなのである（Hua III/1, 56-66）[8]。

　しかし，〈意識の志向性〉の働きという事象を明らかにするために，なぜこのような方法が必要なのか。それは，自然的態度においては，一般定立によって種々の意味を帯びて〈そこに存在するもの〉として意識に現れている世界やそのなかの事物，生き物，人間たちのほうに，つねに私たちの関心が向かっているために（意識はつねに「何ものかについての意識」である），そうした意識への世界の現れのいわば手前で働いている，それら諸対象をそうした意味内容において捉えている〈意識の志向性〉が，素通りされ，気づかれないままになってしまうからである。そこで，自然的態度の一般定立を意図的に遮断し，一般定立されていた自然的世界の全体を括弧に入れる。このことによって初めて，世界とそのなかの諸対象を各々の意味において定立している〈意識の志向性〉の働きに関心を向け，これを明らかにすることが可能になる。〈意識の志向性〉という事象そのもののほうから「方法」が立ち上がってくるのである[9]。

---

[8] 邦訳『イデーン I -I』125-143 頁を参照。
[9] この点については榊原（2009 年）の 3-4, 445-458 頁を，さらに詳しくは 108-112, 116-119, 123-138 頁等を参照されたい。

22

「自然的態度の一般定立」の「遮断」とか，「全自然的世界」の「括弧入れ」といったフッサール特有の術語は難しく聞こえるかもしれないが，これは要するに，自分の意識に現れている〈そこに存在している〉対象への関心をいったん棚上げし，このものがどのように意識に現れているのかというその〈意識への現れ〉それ自体に関心ないし注意を向け返す操作にほかならない[10]。この操作は，意識に現れている対象の存在への関心・判断を棚上げし，差し控えるという側面を強調する場合，判断停止を意味する古代ギリシア語「エポケー」を用いて「現象学的エポケー」（phänomenologische ἐποχή）と呼ばれる（Hua III/1, 65）[11]。これに対して，現象学的エポケーによって関心を意識への現れに引き戻すことを強調する場合には，ラテン語の「連れ戻す（re-dūcere）」が語源の「還元」という語を用いて「現象学的還元（phänomenologische Reduktion）」と呼ばれる（Hua III/1, 69）[12]。しかし，どちらも同じ意識操作である。

（2）意識の志向性の構造——ノエシスとノエマ

それでは，現象学的還元ないしエポケーによって，〈意識の志向性〉の働きはどのように明らかにされるのだろうか。フッサールは『イデーンI』第三篇第三〜四章で，主として事物知覚を範例にしながら，〈意識の志向性〉の構造をノエシス-ノエマの相関関係として詳細に明らかにし，さらに第四篇第一章ではノエマ的意味と，その対象への関係についても考察を行っているが，その要点は以下のようにまとめられる。

たとえば，庭にある花咲き誇る林檎の樹を知覚している場合，現象学

---

[10] この点については，榊原（2018 年）第 2 章，とりわけ 34-40 頁も参照されたい。
[11] 邦訳『イデーンI-I』141 頁を参照。
[12] 同書 150 頁を参照。

的エポケーを遂行して，樹木そのものではなく，この樹木の意識への現れに注意を向けると，そこに見出されるのは，〈知覚され意識に現れている限りでの林檎の樹〉と〈意識に現れたものを林檎の樹として把握する意識の働き〉である。このうち，前者は，空間的現実のなかの一存在者（これは括弧に入れられている）ではなく，この知覚において意識に現れている限りでの知覚内容（知覚の志向的相関者）であり，これをフッサールは「ノエマ的内実」ないし端的に「ノエマ」と呼ぶ（Hua III/1, 203）[13]。これに対して後者は，意識に現れたものを〈林檎の樹〉という「意味」において把握する知覚意識の志向性の本来的な働きであり，これをフッサールは「ノエシス」と名づける（cf. Hua III/1, 194）[14]。

　「ノエマ」はその全体構造をさらに分析すると，「物質的事物」「植物」「樹木」「花咲き誇る」といった意味内実を具えた「一本の花咲く樹木」という「ノエマ的意味」を「核」にして，――たとえば「生身のありありとした・原物の」といった――明晰さの度合いを示す性格や，「現実に存在する」といった存在性格を伴っている（エポケーを行うからこそ，意識に現れたものにこの存在性格が伴っていることが見えてくるのだ）。これに対して，「ノエシス」の働きも，詳しく分析していくと，意識に連続的に与えられてくる色などの多様な「感覚与件」（「質料・素材」を表す古代ギリシア語を用いて「ヒュレー（ὕλη）」とも呼ばれる）を諸々の内実を具えた「一本の花咲く樹木」という統一的な意味に向けて「統握する（auffassen）」という構造を具えており，これらヒュレーと統握の具体的統一が，当の樹木をそのような意味において意識に現れ

---

[13] 邦訳『イデーンⅠ-Ⅱ』107 頁。
[14] 同書 95 頁を参照。

させる「現出作用（Erscheinen）」である（cf. Hua III/1, 227）[15]。

　しかも，ノエシスとノエマは次のような仕方で相関している。意識に何らかのヒュレー的与件が連続的かつ多様に与えられてくると，それらを何らかの意味（たとえば「一本の花咲く樹木」）に向けて統握するノエシスの働きが起こるが，その具体的統一である「現出作用」によって，相関的にノエマの側には，さまざまな意味内実を具えた（「一本の花咲く樹木」という）「ノエマ的意味」が何らかの明晰さの度合いの性格（たとえば「生身のありありとした・原物の」）を具えて現れる。そしてこの「現出作用」による現れに「理性的に動機づけられて」（Hua III/1, 316）[16]，ノエシスの側で「定立作用」がなされ，相関的にノエマの側に何らかの「存在性格」（たとえば「現実に存在する」）が与えられる。これが，庭のほうを眺めて花咲く林檎の樹を知覚する場合の，意識の志向性のおおよその構造である。

（3）超越論的現象学の確立

　意識の志向性に関するフッサールの分析は詳細にわたり，そうした作業を通じて，フッサールは，世界と世界内のすべての対象が意識の志向性によって「意味」として構成されると考えるようになる。「現象学は，自分が遮断する自然的世界全体とすべての理念的諸世界を…『世界意味』として包括する」（III/1, 336f.：§ 145）[17] のである。こうして彼は自らの現象学を「超越論的現象学（transzendentale Phänomenologie）」として位置づける。彼は，あらゆる認識を，その究極の源泉である認識主観に遡って問う哲学的動機──〈認識主観が自らを超越した世界を

---

[15] 邦訳『イデーンI-II』145 頁を参照。
[16] 同書 280 頁を参照。
[17] 同書 311 頁。

いかに認識しうるのか〉を認識主観に立ち戻って問う認識論的で超越論的な動機——が，デカルトに始まる近世哲学を貫いていると見ていたが，自らの現象学こそ，近世以来のこの認識論的・超越論的問題設定を正当に受け継ぎ，これを解決しうるものだと信じたのである。

しかし，現代におけるケアの現象学の展開までの歩みを辿ろうとする本書において私たちがまずもって学ぶべきことは，フッサールが『イデーンⅠ』において，事物知覚のような私たちの経験の基礎的な層においても，普段はそれとして自覚されることなく，意識の志向性がさまざまに働いていて，まさにこの意識の志向性によって，経験されるものの意味が成り立っていることを明らかにしたということである。私たちはいわば，意識の志向性によって彩られた「意味」の世界に生きているのである。

第1節(2)で述べたように，現象学で探求される「意味」は，ある種の方向性として経験されるものであるが，『イデーンⅠ』のフッサールが示したのは，「ノエマ的意味」が意識に連続的かつ多様に与えられるヒュレー的与件をある統一的な意味に向けて統握するノエシスの働きによって構成されるという，ノエマ的意味の成り立ちにおける方向性であった。

フッサールは『イデーンⅠ』公刊後，最晩年に至るまで，さまざまな意識の志向性の働きと，それによって成り立つ諸々の意味について考察を繰り広げていく。次章ではその歩みを辿ることにしよう。

2 | フッサール現象学の展開

榊原哲也

《**目標＆ポイント**》『イデーンⅠ』以降，自然科学と精神科学における各々の対象が意識の志向性によっていかに構成されるのかを考察するなかで，フッサールが意識の志向性や意識の態度に関する思索を深めていったことを理解する。また，中期から後期にかけての間主観性の現象学および発生的現象学の展開によって，物事や人々を対象とする意味経験の成り立ちに関する思索が深められていったことを理解し，それらがヨーロッパ諸学の危機と生活世界への還帰を説く最晩年の思想にどのようにつながっていったかを理解する。

《**キーワード**》 意識の態度，間主観性，発生的現象学，生活世界

1．意識の態度

（1）『イデーンⅡ』というテキスト

　フッサールは，『イデーンⅠ』の原稿を書き上げたその直後から，その続巻となるべき草稿を執筆していく。これらはしかし，生前公刊されることはなく，諸々の事情を経て，彼の没後，『イデーンⅡ』および『イデーンⅢ』として全集に収められ公刊されることになった。このうち，本書において注目したいのは，『イデーンⅡ』（= Hua IV）である。

　「構成についての現象学的諸研究」という副題をもつこのテキストでは，『イデーンⅠ』で提示された方法に則り，ディルタイ（Wilhelm Dilthey, 1833-1911）や新カント派のヴィンデルバント（Wilhelm Windelband, 1848-1915），リッカート（Heinrich Rickert, 1863-1936）らに

よって当時なされていた自然科学と精神科学（あるいは歴史科学，文化科学）との関係に関する学問論的考察を背景にして，物理的自然科学，心理学，精神科学の各々の対象が，いかにして意識の志向性によって構成されるのかを解明することが試みられた。これはたとえば，自然科学的探究を行うときのように，この世界が「物質的自然」として——またこの世界に属する諸事物や人間が「物質的事物」や「自然としての人間」として——捉えられる場合，意識の志向性はどのように働いているのか，他方，この同じ世界が，精神諸科学の探求を行う場合のように，「精神的世界」として——またこの世界に属する諸事物や人間たちが「絵画」や「道具」や「人格」として——捉えられるときには，意識の志向性はどのように働いているのかを解明するということである。フッサールはこうした現象学的研究を通じて，ディルタイ，ヴィンデルバント，リッカートらが眼差していた学問論的問題を自ら引き受けた。そして，物理的自然科学や心理学や精神科学を自らの現象学によって基礎づけようと試みたのである。

（2）自然科学における意識の志向性

　これらの探求においてフッサールが見出したことの一つは，諸学問において意識がとる「態度（Einstellung）」の違いであった。私たちが日常生活で「事物」と呼んでいるのは，「絵画」や「家屋」や「衣服」や「道具」などで，これらは「美しい」「有用だ」といったさまざまな価値を帯びて意識に現れてくるが，自然科学において自然を探求する場合，そうした諸価値はいわば「エポケー」され（cf. Hua IV, 27）[1]，諸対象は「単なる自然（bloße Natur）」（Hua IV, 3）として扱われる。そして，

---

[1] 『イデーンⅡ』の邦訳には欄外に全集（Hua IV）のページ数が記されているので，以下，引用箇所は全集のページ数のみで示す。

そうした「エポケー」のもと，当の事物がそれを取り巻く（照明など
の）状況に因果的に依存するように意識に与えられる場合に，当の事物
は単なる「幻像」ではなく「本来的な実在性」である「物質性
（Materialität）」を具えた「物質的事物」として統握される（Hua IV,
41f.）。さらにこの事物が「間主観的」に経験され「論理的－数学的」に
規定されると，「物理学的事物」として統握される（cf. Hua IV, 82）。こ
のような仕方で，意識の志向性によって，自然科学の対象である「物質
的自然」，さらには「物理学的自然」が構成されるのである。

（3）日常生活における意識の志向性

　これに対して，私たちが日々の生活において自分の「周囲世界
（Umwelt）」にある諸事物を「道具」として利用したり，隣人たちとコ
ミュニケーションをとったりしているときには，世界を「自然」として
捉えているわけでも，事物を単なる「物質的事物」として捉えているわ
けでもない。人々を自然科学的に「自然としての人間」として，また自
然科学的な心理学のように，人間の心を〈身体と因果的に結合し一体と
なった自然の事実〉として捉えることはむろん可能だが，日々の生活で
隣人たちとコミュニケーションしているときには，そのような捉え方は
していない。むしろ私たちは人々を，「表情の動きや身振りや語られた
『言葉』やその口調など」の「表現」を通じて，（身体と「共握」しつ
つ）「人格（Person）」として統握し，その精神的生や思考を理解する
（cf. Hua IV, 235, 245）。そして彼らを，知覚したり評価したり行為した
りといった仕方で周囲世界に関わる者として，しかも「彼ら自身の周囲
世界のなかで活動することによって，その諸対象によって影響を受け，
しかもつねに新たに影響を受けうる諸人格」（Hua IV, 190）として捉え
ているのである。私自身もまた私によって一個の人格として捉えられて

いる。こうして，私も含めた人格たちのあいだには「相互了解の関係」
（cf. Hua IV, 192）が形作られ，私たちは自分を，「夫婦や家族，階級，
団体，市町村，国家，教会など」の「共同体」の「成員」として捉え
（cf. Hua IV, 182），「間主観的な集団」（cf. Hua IV, 195）のなかで互いに
関わり合いながら生活しているのである。

　またこうした日々の生活のなかでは，周囲世界のなかに見出される諸
事物も，自然科学で捉えられるような「『客観的』な物理的自然」のな
かの「単なる事物」ではない（cf. Hua IV, 182）。むしろ私たちはそれら
を，知覚作用や想起作用などの表象作用に基づけられた評価作用（これ
をフッサールは「価値覚（Wertnehmung）」と呼ぶ）の志向性によっ
て，自分の周囲にある「実用品（衣服，家具，武器，道具）や芸術作品
や文芸作品」等として統握している（cf. Hua IV, 182）。このように，日
常生活において私たちが人々や諸事物を捉える際には，自然科学におい
てとは全く異なる意識の志向性が働いているのである。

（4）自然主義的態度と人格主義的態度

　フッサールはこれを意識のとる「態度」の違いと捉え，自然科学を営
むときの意識の態度を「自然主義的態度（naturalistische Einstel-
lung）」，またこれに対し，私たちが日々の生活においていつもとってい
る意識の態度を「人格主義的態度（personalistische Einstellung）」
（Hua IV, 180, 183）と名づけた。

　「自然主義的（自然科学的）態度」とは，「その内で自然が，物理的自
然，身体的自然，心的自然として与えられ，理論的に認識されるような
態度」（cf. Hua IV, 208）であり，この態度においては，物質的事物のみ
ならず「人間と人間の心」も「自然として」捉えられ，これらはすべて
「自然の実体的‐因果連関」における「自然事実」として考察される

30

(cf. Hua IV, 180-181)。「人格」も，身体を通じて「自然」のなかに組み込まれ，自然に「従属するもの」として捉えられる。

これに対して，「人格主義的態度」とは，私たちの日常生活において，意識の志向性によって，人々が，周囲世界に関わりつつ，コミュニケーションによって相互理解している「諸人格」として，また諸事物がさまざまな価値を帯びた道具や芸術作品等として捉えられるような「全くの自然的態度」である（Hua IV, 183）。精神諸科学は，このような諸事物や人々の関係を対象とすることから，自然的態度であるこの人格主義的態度は「精神科学的態度」とも呼ばれる（Hua IV, 180）。自然主義的（自然科学的）態度と人格主義的（自然的）態度というこれら二つの意識の態度は，意識の志向性が諸事物や人々を根本的に異なる仕方で統握して構成する態度であり，フッサールはこうして，物理的自然科学と（自然科学的な）心理学と精神科学の関係，およびこれら諸学における対象の構成を，意識の志向性の働き方の相違を解明することによって現象学的に基礎づけようとしたのである。

（5）自然主義的態度は人格主義的態度に従属する

しかし，これら二つの意識の態度については，もう一つ確認すべきことがある。人格主義的態度における意識の志向性を記述していくなかでフッサールが明らかにしたのは，人格主義的態度と自然主義的態度が根本的に異なる態度であるということだけではなく，むしろ，自然科学的・客観的「自然」が，実は「人格的世界の連関の内で構成されてきた客観性」（Hua IV, 209）であって，諸人格の結びつきを前提するものだということであった。「『客観的』自然」とは，実は各々に異なる周囲世界をもつ人格たちが「間主観的な合意」のために「間主観的な自然研究」において共同で作り上げたものであって（cf. Hua IV. 208, 207），そ

れがまた「共同体精神の周囲世界」（Hua IV, 208）に属するようになる。客観的自然とはまさに，人格たちの間主観的・共同体的な結びつき――それをフッサールはディルタイに倣って「共同精神（Gemeingeist）」とも呼ぶ――に基づいて構成されたものにほかならない（cf. Hua IV, 198）。したがって「自然主義的態度は人格主義的態度に従属している」（Hua IV, 183）。ところが，自然主義的態度で自然科学を営むとき，ひとはこのことを忘却して「自然を不当に絶対化してしまう」（cf. Hua IV, 183f.）。フッサールが最晩年の『ヨーロッパ諸学の危機と超越論的現象学』で展開した客観的科学による自然の数学化に対する批判の萌芽が，すでにここに見られるのである。

2. 間主観性の現象学の展開

　中期の主著『イデーンⅠ』以降，フッサールは「間主観性」の現象学も展開していった。

　「間主観性（Intersubjektivität）」とは，諸主観が「相互に（inter）」コミュニケーションをとり了解し合うことで自分自身をそれら諸主観の「あいだ（inter）」に位置づけるような意識のありようを表す語であり，このような意識のありようにおいては，何かが意識に現れたとき，その何かは，他の諸主観にも同じように現れているものとして捉えられる。現象学的還元によってすべてを意識への現れに引き戻して考察するフッサール現象学において，他者がどのように意識に現れ経験されるかは大きな問題であり，すでに『イデーンⅠ』以前から考察が試みられていたが，前節で述べたように，『イデーンⅡ』では，私たちが日常生活においては，「人格」として周囲世界に関わりつつ，互いにコミュニケーションをとり相互了解することで諸事物や人々を捉えるような「間主観的」な意識の態度をとっていることが明らかにされ，これが「人格主義

的態度」として際立たせられた。また，自然科学を営む「自然主義的態度」も，「間主観的な合意」のために諸主観たちが自然を間主観的に「『客観的』自然」として認識しようとする態度なのであった。このような「間主観的」な意識の志向性のありようが，さらに探求されていくのである。

　それでは，「間主観性」という意識のありようは，そもそもどのように成り立っているのだろうか。『イデーンⅡ』と，のちの『デカルト的省察』（＝Hua I）第五省察をもとにすれば，次のように理解することができるだろう。

　『イデーンⅡ』によれば，日々の生活のなかで他者を経験するときにはすでに，私たちは「表情の動きや身振りや語られた『言葉』やその口調など」の「表現」を通じて（Hua IV, 235, 245）その他者を即座に「人格的な主観」として，しかも「共通の周囲世界に関わっている」主観として理解している（cf. Hua IV, 191）。しかし，そうした他者理解の成り立ちは，『デカルト的省察』第五省察では次のように解明されている。私に固有な意識の領野においては意識に現れる諸事物のうち，ただ一つ，ココにあるこの物体だけが，〈触感などの感覚を内側から感じることができ，また運動感覚（キネステーゼ）を有する「身体」〉として，しかもそれらを私が感じるという意味で私の我（エゴ）と結びついた「私の身体」として意識されているが，この私に固有な意識の領野において，アソコにある何らかの「物体（Körper）」が，ココにある「私の身体」と「対になって」現れると，その物体は，私の身体とは異なる他の「身体（Leib）」として統握される。すると，この統握に動機づけられて，他の身体にも，私の我（エゴ）とは異なる「他我（アルター・エゴ）」が付帯的に現前する。つまり，種々の諸感覚を内側から感じ，自らの運動感覚をもつという「固有の身体性」（Hua I, 128）[2]を具えた「私の身体」を意識している私の我（エゴ）の理解を前提に，

意識の志向性によってある物体が「他の身体」として捉えられることで，その身体に付帯的に現前する形で「他 我（アルター・エゴ）」という意味が構成され，こうして「他者経験（Fremderfahrung）」が成り立つのである[3]。

しかし，他者経験がこのような構造をもつとすると，その前提となる固有の身体性を具えた私の我（エゴ）は，他者経験に先立ってどのように構成されるのかという疑問がわく。けれども，『デカルト的省察』第五省察ではこの点に関する探究は，残念ながら行われていない[4]。しかしいずれ

[2] 邦訳『デカルト的省察』175 頁。フッサールはすでに『イデーンⅡ』第 36〜37 節において，「身体（Leib）」の構成，すなわち身体の経験がどのように成り立っているのかを考察するなかで，私の身体（たとえば私の手）が何かある物に触れ，その物の硬さや冷たさや滑らかさの感覚をもつとき，触れている手に注意を向ければいつでも，私の手がそれらの感覚をいわば身体の内側からも感じていることに気づくことを指摘し，このような〈身体が感じる感覚についての身体の内側からの感覚〉を「感覚感」（Empfindnis〔「再帰的感覚」とも訳される〕）と呼んだ。そしてこれが，単なる「物体」には見られない，「身体」に特有の現象であると考えたのである（Hua IV, 144-146）。こうした現象が身体において成り立つのは，フッサールによれば，私の身体が単なる「物理的な物（physisches Ding）」（Hua IV, 145）ではなく「感じる物（empfindendes Ding）」（Hua IV, 151）だからである。私が右手で左手に触れたとき，なるほど私は左手を「物理的な物」として捉えることもできるが，左手にも右手から触れられている感覚があり，そこに注意を向けるなら，左手が「感じる物」となって，逆に左手が右手に触れていると感じられるようになる（cf. Hua IV, 145）。つまり，私の身体においては，触れられる手が触れる手となり，右手と左手とのあいだでは〈触れる－触れられる〉の関係が逆転しうる。「私の身体」が有するこうした特徴が，私の身体の「固有の身体性」をなすのである。フッサールのこうした考察に触発されて，のちに「間身体性」という概念を提示したのがメルロ=ポンティであった。
[3] 『デカルト的省察』第五省察のとりわけ第 44 節および第 50〜54 節を参照。
[4] 最晩年のフッサールはある遺稿で，覚醒される以前の「先－自我」が「両親」によって呼び覚まされ，触発されて「目覚めた生き生きした自我主観たちの世界への最初の手がかりを得る」と述べている（Hua XV, 604）。これは，「両親」から呼び覚まされ触発されることで，覚醒以前の先－自我が「自我」として覚醒し，同時に最初の「他者」としての両親が経験されるという事態をフッサールが想定している，という解釈を許す記述である。そうであれば，当の自我にとって「自我」と「他者」の意味の発生は等根源的であることになろう。これは第 3 章で述

34

にせよ，このような「他者経験」において，他者の身体のふるまいや表情の変化が調和的に経験されるなかで，私の理解が他我に移し入れられるという意味で「感情移入（Einfühlung）」が行われることによって，他者の心的生の理解，すなわち他者理解は深められていく。そして，こうした他者経験，他者理解が積み重ねられることで，日常生活において他者たちと相互に交流し了解し合う「間主観性」の意識のありようが形作られていくと考えられるのである。

　フッサールは，このようにして形成された意識のありようを，1918年もしくは 1921 年に書かれたとされる「共同精神Ⅱ（Gemeingeist Ⅱ）」と題された遺稿[5]において，次のように記述していた。

　　個々人は誰もが自分なりの感性をもち，自分なりのさまざまな統覚と持続的統一をもつが，コミュニケーションする複数人もいわば一つの感性をもち，一つの持続的統覚と，その相関者として未規定性の地平をともなった一つの世界をもつのである。私は見たり聞いたり経験したりするが，ただ単に私の感官でそうするのではなく，他者の感官でもって見たり聞いたり経験したりするのだ。そして他者も，自分の感官で経験するだけでなく，私の感官でも経験するのである。（Hua XIV, 197）

　何かが意識に現れたとき，それが，他の諸主観にも同じように現れているものとして捉えられる「間主観性」という意識のありようが，きわめて印象深い仕方で記述されていると言えるだろう。また，意識の志向

べるように，シェーラーが想定した事態である。
[5] Hua XIV, 192-204：フッサール『間主観性の現象学Ⅱ　その展開』浜渦辰二／山口一郎監訳，ちくま学芸文庫，2013 年，314-337 頁。

性が他者を「他者」として（すなわち私とは異なる「他 我」ないし
「他者」という意味で）捉え，主観同士が相互にコミュニケーションを
とり理解し合うにあたって，私の身体の固有な在り方や他者の身体の現
れ，そして他者の身体の「表現」が，きわめて重要な役割を果たすこと
が，フッサールによって明らかにされたことにも，ここで注意を促して
おきたい。身体が，そしてまたその表現が，世界経験の意味の成り立ちに
大きな役割を果たすことは，後続する現象学，とりわけメルロ゠ポンティ
の現象学において，今後さらに明らかになっていくはずだからである。

3.「発生的現象学」の展開

　『イデーンⅠ』以降のフッサール現象学の重要な特徴として，もう一
つ，「発生的現象学」の展開を挙げておきたい。
　第 1 章で述べたように，フッサールは『イデーンⅠ』において，意識
に現れた何か（与件）を何か（意味）として捉える意識の志向性の働き
を，ノエシス－ノエマの相関関係として詳細に記述して明らかにした
が，その際，意識の志向性の働きの主体，すなわち〈意識に現れた何か
（与件）を何か（意味）として統握する主体〉は，記述されるべき具体
的内容をもたない空虚な極と見なされ，「純粋自我（reines Ich）」と名
づけられていた（そのため，前章では特にこの「純粋自我」には触れな
かった）。ところが，『イデーンⅡ』において，自然主義的態度や人格主
義的態度における意識の志向性の働きという事象の解明が進んでいくに
及んで，この「純粋自我」が実は，個々の知覚や想起といった意識の志
向性の働き（これをフッサールは「志向的体験」「作用」「コギト」など
と呼ぶ）のそのつどの遂行極であるにとどまらず，これら個々の志向性
の働き（志向的体験）を貫いて時間的に持続するものであること，そし
て諸体験を積み重ねるなかでさまざまな「持続的思念」や「習慣

（Habitus）」（cf. Hua IV, 111）を形成していくものであることが，事象そのもののほうから次第に明らかになっていく。これはたとえば，ある対象を繰り返し知覚することによって，その対象のさまざまな性質や特徴を学んでいく場合，この対象を捉える意識の志向性の働きの主体である「純粋自我」がそのつど，この対象についての新たな知を蓄えていくことによって，同じ対象が知覚されても，統握される意味がそのつど更新されることを考えれば，十分に納得のいくことであろう。フッサールによれば，「人格主義的態度」においては，人々は，「彼ら自身の周囲世界のなかで活動することによって，その諸対象によって影響を受け，しかもつねに新たに影響を受けうる諸人格」（Hua IV, 190）として捉えられているのであった。「人格」は，「純粋自我」がこの世界のうちに実在化されたものとして理解されるが，人格もまた，周囲世界の内でさまざまな経験を積むことによって，諸対象からつねに新たに影響を受け，学び，持続的思念や習慣を形成していく。そして周囲世界のほうも，人格による活動によって「絶えず生成のうちにある」（Hua IV, 186）。私たちはまさに，世界から物事を学び，経験を積み重ねつつそのつど変様していく主体であり，それと相関的に世界もその意味も変様していく。こうしたことが，事象そのもののほうから次第に明らかになっていくのである。

　また，『イデーンII』では，意識にヒュレー的与件が与えられたとき，意識の自我がそれを何かとして「統握（auffassen）」することができるためには，それ以前にそのものを「把握（erfassen）」していなければならないことが明らかにされ（cf. Hua IV, 23），また別の草稿では，ある事物を価値評価するためには，それに先立ってそれが事物として把握されていなければならないことも明らかにされていく[6]。『イデーンI』で明らかにされた意識の志向性のノエシス－ノエマ的な相関関係は，実

---

[6] これらの点については，榊原（2009年）309-310, 306-307頁も参照。

は，それ以前に意識の自我が刻んだ「歴史」を背景にして初めて成り立つものだったのであり，それと相関的に，意識の志向性において自我によって捉えられる志向的対象のほうも，そのうちに「意味の歴史」を内含したものであることが明らかにされていくのである。

　後期フッサールは，過去の諸経験の積み重ねやそれに伴う知識の更新による意識の志向性の働きの成り立ちを「発生（Genesis）」と呼び，そうした成り立ちに内含されている，自覚されることなく機能している諸々の意識の志向性を遡って解きほぐし，解明していく自らの現象学を「発生的現象学（genetische Phänomenologie）」と呼んだ。意識の自我やそれが捉える対象の意味の「発生」の歴史を遡って問うこの「発生的現象学」を遂行しなければ，自らが目指した「超越論的現象学」――〈意識の志向性による世界の意味的構成〉をあまねく解明することによって〈認識主観が自らを超越した世界をいかに認識しうるのか〉という近世以来の超越論的‐認識論的問題を解決する現象学――も実現されえない。このことが，次第に自覚されていったのである。

4．ヨーロッパ諸学の危機――生活世界への還帰と超越論的現象学

　第1節で述べたように，フッサールは『イデーンⅡ』においてすでに，「自然主義的（自然科学的）態度」と，「全くの自然的態度」である「人格主義的態度」という，志向性が根本的に異なる仕方で働く意識の態度を見出し，自然主義的態度が人格主義的態度に従属することも明らかにしていたが，その後，間主観性および発生をめぐるフッサールの思索が進展していくなかでさらに，自然科学的態度が歴史的に形成され，私たち（とりわけ学者たち）のうちに先入見として沈殿していることが明らかになっていった。そして，「自然的態度」における「生活世界」

という地盤が忘れられてしまったことを，フッサールはヨーロッパで生
まれた諸学間の「危機」と捉えるようになった。最晩年の1936年にそ
の一部が出版された著作『ヨーロッパ諸学の危機と超越論的現象学』
（以下，「『危機』書」と略記）（=Hua VI）で彼が述べていることは，次
のようにまとめられる。

　自然科学的態度とは，自然科学を営む際に意識がとる態度であるが，
それが自然科学的態度である以上，自然科学が歴史のうえで成立する以
前には，ありえなかったことは明らかであろう。フッサールによれば，
物理学に代表される自然科学は，人類の歴史において，自然の探求がじ
かに見たり触れたりする日常的な感覚的経験から離れ，科学者たちの間
主観性において自然が記号と数式によって数学化され，精密な因果関係
を表現した関数的な自然法則によって捉えられることによって，成立し
ていった。とすれば，意識がとる自然科学的態度は，人類史上，そうし
た自然科学の成立によって初めて，原理的に成り立つようになったと考
えられるし，また個々人の歴史においても，成長と学習の過程で自然科
学が学ばれ，自然を数学化して捉える自然科学的な思考が繰り返し実践
されることで，自然科学的態度は身につき，習慣化していくものだと理
解される。つまり，自然科学的態度とは，そのような発生の成り立ちを
もつ意識の態度なのである。

　ところが，最晩年のフッサールによれば，自然科学の発展と自然科学
的態度の習慣化によって，「私たち自身が身体を具えた人格という在り
方でそのうちに生きている」「私たちの日常的な生活世界」に「理念の
衣（Ideenkleid）」が着せられ，数学的に「理念化された世界」にすり
替えられてしまった。そして，もともと自然科学がそこから成立してき
たはずの「自然科学の意味の基盤」としての「生活世界（Lebens-
welt）」が忘却され（以上，第二部第9節h），それがヨーロッパにおい

て成立した諸学問の「危機」を招いた[7]。これは、「真の人間性の意味」
（cf. Hua VI, 13）[8] が見失われるという人類の危機でもある。私たちはこ
の危機を脱するために、いま一度、自然科学に関するエポケー（「あら
ゆる客観的学問に関するエポケー」）を行い（Hua VI, 138）[9]、その成果
をいわば括弧に入れて棚上げし、生活世界に立ち戻らなければならない
のである。

　けれども、生活世界は自然科学が成立する以前の前学問的な原始的世
界ではないので、この主張も、歴史に逆行してそうした原始的世界に私
たちが戻らなければならない、ということでは全くない。

　フッサールの主張のポイントは、自然科学のような客観的学問を営む
意識の習慣的態度には、諸事象を数学化して記号と数式によって捉え、
そのようにして捉えられたもののみが真の科学的知識だと見なす傾向が
あるということ、しかし、そのことによって、私たちは「直観から離れ
た記号の操作（eine anschauungsferne Symbolik）」（Hua VI, 21）[10]——
じかに見たり触れたりする日常的な感覚的経験から離れた記号や数字の
みの操作——をするようになり、記号的・数量的には捉えられない直観
的経験の「意味」が見失われてしまう、ということのうちにある。まさ
に、物事や人々がそのつど意味を帯びて意識に現れ、経験される、その
意味現象・意味経験の意味が、自然科学やそれを営む意識の習慣的態度
によっては、捉えられなくなってしまう——そのことが学問と人類に
とっての危機だと、フッサールは主張したのである[11]。

---

[7]　「物理学ないし物理学的自然の発見者」であるガリレイは、「発見の天才である
　　と同時に隠蔽の天才」なのであり、彼の行った「数学的自然」や「その精密な諸
　　法則」の発見は、「発見であると同時に隠蔽（Entdeckung-Verdeckung）」だと、
　　フッサールは述べている（Hua VI, 53：邦訳 95 頁）。
[8]　邦訳 36 頁。
[9]　同書 242 頁。
[10]　同書 50 頁を参照。
[11]　このことは、本書第 10 章以降で述べられる現代における「ケアの現象学」の展

　『危機』書においては，超越論的現象学は，まずもって「すべての客観的諸学問に関するエポケー」を遂行して生活世界に立ち戻り，そこからさらに超越論的エポケーないし還元を遂行することによって，生活世界という先所与性を構成している超越論的主観性へと反省の眼差しを向ける哲学の営みとして位置づけられている。フッサールは「歴史的省察」を通じて，哲学の歴史がひそかに目指してきた方向性としての「内的意味」（Hua VI, 16)[12]，「歴史の目的論的意味」（cf. Hua VI, 200)[13] を，古代ギリシアにおいて原創設された「世界についての普遍学」という学問の理念の実現，およびそれによる「理性の自己実現」（Hua VI, 269)[14] として見定めた。そして，超越論的主観性における生活世界の意味の構成の解明を通じて，生活世界を地盤に成立した世界についてのあらゆる学問をその起源から基礎づけようとする自らの超越論的現象学によってこそ，古代ギリシア以来の哲学の歴史の意味・目的〔テロス〕が実現されうるはずだと考えたのである。

5. 他者経験の意味の成り立ち

　本書では，このあと，「ケアの現象学」を目指して，フッサール以降の「現象学」が，さまざまな意味現象・意味経験の成り立ちをどのように明らかにしていくのかを，辿っていく。それゆえそこでは，さまざま

開との関係では，次のことを意味する。自然科学に基盤をもつ西洋医学は，医学的・生理学的検査によって得られた数量的データに基づいて「疾患」を捉えるが，このような見方によっては，自然的態度において患者が経験する「病い」という意味経験を捉えることができない。しかしこれは，フッサール的な言い方をすれば，医学の危機であり，疾患を免れることのできない人類の危機でもあるのである。

[12] 邦訳 42 頁。
[13] 同書 356 頁。
[14] 同書 474 頁。

な意味経験の一つとして，ケアの営みにとって重要な他者経験・他者理解の成り立ち——すなわち，他者がどのようにして「他者」として経験されるのか，またどのような意味を帯びて経験されるのか，さらに他者が経験している意味現象はいかにして理解されるのか——もむろん問われることになる。今回明らかにしたように，フッサールにおいては，私に固有な意識の領野を出発点として，この意識に現れるアソコにある「物体（Körper）」がココにある私の身体と「対になる」ことで，その物体が私の身体とは異なる他の「身体（Leib）」として捉えられ，この統握に動機づけられて，他の身体に私の我(エゴ)とは異なる「他　我(アルター・エゴ)」が付帯的に現前することで，「他者経験（Fremderfahrung）」が成り立つのであった。また，このような「他者経験」において，他者の身体のふるまいや表情の変化が調和的に経験されることで，他者の心的生の理解，すなわち他者理解が成り立ち，こうした他者経験・他者理解が積み重ねられることで，日常生活において他者たちと相互に交流し了解し合う「間主観性」の意識のありようが形作られていると考えられていた。

　それでは，フッサールに続く現象学者たちは，意味現象・意味経験の成り立ちをどのように考えていたのであろうか。私たちは次章からドイツにおける現象学の展開を，そしてそのあとフランスにおける現象学の展開を追跡していくが，第3章ではまず，シェーラーのとりわけ他者経験・他者理解についての考察を参照し，そのうえで，ハイデガーがさまざまな意味現象・意味経験の成り立ちをどのように考えていたのかを，辿っていくことにしたい。

3 | ドイツにおける現象学の展開(1)
：シェーラーとハイデガー

榊原哲也

《**目標＆ポイント**》 シェーラーの『共感の本質と諸形式』というテキストを
もとに，彼が他者経験・他者理解の成り立ちをどのように考えていたのかを
理解する。また，ハイデガーの主著『存在と時間』の基本的構図を踏まえた
うえで，「現存在」と呼ばれる人間存在の在り方について理解を深め，物事
や人々についての意味経験が現存在の「気遣い」によって成り立つことを理
解する。
《**キーワード**》 シェーラー，共感，ハイデガー，実存，世界内存在，気遣い

1．シェーラーの他者理解の現象学

　シェーラー（Max Scheler, 1874-1928）は，初期フッサールのとりわ
け本質直観の思想から影響を受け，主著『倫理学における形式主義と実
質的価値倫理学』（1913/1916 年）によって現象学的倫理学を構築した
哲学者として知られている。しかし，本書ではこの書物ではなく，他者
理解と関連の深い「共感」という事象について包括的な考察を展開した
『共感の本質と諸形式』（1923 年)[1] に注目し，そこでシェーラーが他者
経験・他者理解の成り立ちをどのように考えていたのかを明らかにする
ことにしたい。

---

[1] WS, 7-258. このテキストはもともと，1913 年に『共感感情の現象学と理論によ
　せて，ならびに愛と憎しみについて』というタイトルで出版され，大幅な加筆・
　改訂がなされた第 2 版（1923 年）からこの書名になった。本書ではこの第 2 版を
　もとに考察する。

（1）共感と他者理解の成り立ち

　シェーラーによれば，「共感（Mitgefühl）」とは，他者とともに喜んだり苦しんだりする体験——すなわち「共歓（Mitfreude）」や「共苦（Mitleid）」の体験——のことである（WS, 17）。したがって，一見すると「他者の諸体験」（WS, 17）はこの「共感」によって初めて理解可能になるように思われる。しかしシェーラーによれば，実のところ，「共感」は，他者の諸体験を「認識的態度（erkennendes Verhalten）」で単に感得・理解する「追感（Nachfühlen）」「追体験（Nacherleben）」[2] の作用を前提している。他者の諸体験を感得ないし理解してはいても，それに共感しないことはいくらでもある以上，「共感」は「追感」や「追体験」とは厳密に区別されなければならない（以上 WS, 20）。後者の認識的体験が前者の感情体験を本質的に基づけているのである。

　それでは，他者の諸体験を感得・理解する「追感」「追体験」というこの他者理解の体験はどのようにして成り立つのであろうか。シェーラーによれば，私たちは，誰かの赤面のうちに即座に「羞恥」を知覚し，誰かの笑いのうちに即座に「喜び」を知覚する。つまり，誰かの身体に表情や身振りなどの「表現」が現れると，私たちは「医者や自然研究者」のようにその身体を単なる「物体（Körper）」として知覚するのではなく，その表現のうちに直接的に「諸体験」を知覚する。「他者の身体（Leib）」は「他者の諸体験のための表現野」であり，身体に何らかの「表現」が現れるときには，すでにその他者の諸体験の理解，すなわち他者理解が何ほどか成り立っているのである（以上 WS, 21）。

　しかし，なぜ，その諸体験は他者の諸体験として理解されるのであろ

---

[2]　シェーラーは，「追体験」より「追生（Nachleben）」——あとからなぞって生きる——という表現のほうをより頻繁に用いるが，両者は同義と考えられるので（cf. WS, 20），本書では日本語として馴染みやすい「追体験」という表現に統一する。

うか。そう問うことが許されよう。シェーラーによれば，他の身体に表現が現れることによって「何らかの体験」が与えられれば，その体験の「自我（Ich）」もまた——完全に十全に把握することはできないものの——本質的にともに与えられる。どの自我の体験でもないような体験は存在せず，このことは「自我と体験の本質連関」に属しているからである。しかも与えられたその自我が，自分の自我とは異なる「個体的自我」——すなわち他我——であることも明らかである（WS, 20-21）。したがって，シェーラーにおいては，他の身体に「表現」が現れ，そこに諸体験が知覚されるときには，その諸体験が他我の諸体験であることもすでに理解されている。つまり，他の身体に表現される他者の諸体験の知は，「他の心的存在者の実在についての体験」——「他の自我たちの実在（Existenz anderer Iche）」の経験——を前提しており，後者が前者を条件づけている（以上 WS, 19）。これは，他の身体の表現を通じての他者の諸体験の知（＝他者理解）が，他の自我たちの実在についての経験（＝他者経験）の成り立ちを前提にして成り立っていることを示しているのである。

（２）他者経験の成り立ち

　しかし，それではなぜ，他の身体が知覚される際に，そこに他者が経験され，他者の諸体験の理解が成り立つのだろうか。シェーラーは，身体の身振りが体験の表現として理解されることについては，表現と体験のあいだに，人間に限定されない「普遍的文法」が存在していると述べている（WS, 22）。犬がしっぽを振っているのを見て，それを私たちが喜びの表現として理解できるのは，この「普遍的文法」によるのであろう。

　しかし，そもそも，「他の心的存在者」「他の自我」が実在しているという経験，すなわち他者経験は，どのようにして成り立っているのだろ

うか。前回明らかにしたように，フッサールは『デカルト的省察』第五省察において，他者経験の成り立ちを，私に固有な意識の領野を出発点として，この意識に現れるアソコにある「物体（Körper）」がココにある私の身体と「対になる」ことで，その物体が私の身体とは異なる他の「身体（Leib）」として捉えられ，この統握に動機づけられて他の身体に私の我〔エゴ〕とは異なる「他我〔アルター・エゴ〕」が付帯的に現前するという仕方で，明らかにしていた。シェーラーはどうであろうか。

　『共感の本質と諸形式』第三部「他我について」Ⅲ「他者知覚」において，彼は次のように述べている。われわれに「さしあたり与えられている」のはつねに「自己自身の自我だけ」であり，「他の人間」に関してわれわれに「さしあたり」与えられているのは「その他者の物体〔としての身体〕の現出」だけであると考えるのは，「現象学的」に見て正しくない（WS, 238）。むしろあらゆる実在論的前提を排して「純粋現象学」を遂行するならば，「われわれが自分の『思想』も他人の『思想』も考えることができ，自分の感情も他人の感情も感じることができる」ことほど確実なことはない（WS, 239）。自分の考えが自分の考えとして，他人の考えが他人の考えとして経験されるのが普通ではあるが，たとえば両親や先生など他者の考えを自分の考えだと思ったり，過去の書物に自分の考えを読み込む場合のように，自分の思想や感情が他者の思想や感情として与えられたりすることもある（WS, 239f.）。こうしたことが起こりうるのは，シェーラーによれば，「『さしあたって』流れているのが，我＝汝に関して無差別な体験流（ein *in Hinsicht auf Ich-Du indifferenter* Strom der Erlebnisse）であり，この体験流は事実上，自分自身のものと他者のものとを，区別せず相互にまじりあった仕方で含んでいる」からである（WS, 240）。体験流に属する個々の体験が，自分自身のものとして際立ってくるか，他者のものとして際立ってくるか

46

は，さしあたりは必然的に決まっているわけではない（WS, 240）。む
しろ，子どもや原始的な人々の心的生に見られるように，「『さしあた
り』人間は自己自身においてより他者においてより多く生きており，自
分個人においてより共同体においてより多く生きている」（WS, 241）。
「個人はさしあたり自己自身においてより共同体においてはるかに多く
生きている」のである（WS, 242）。

　それなのに，自己自身の体験は内的に知覚されるが，他者の体験はそ
うではないと人が考えてしまうのは，なぜだろうか。シェーラーによれ
ば，「内的『直観』の諸領野（Sphären innerer «Anschauung»）」と
「『内感』の領野（Sphäre des «inneren Sinnes»）」とを区別しないから
である。これら二つを区別するならば，内的直観に関しては，われわれ
は自分の自我と体験だけでなく，他者の自我と体験をも内的に直接的に
直観することができる（WS, 243）。すでに述べたように，私たちは，
他者の身体の表現によって，直接に他者の体験を内的に知覚する（＝直
観する）ことができるのである。

　以上からすれば，他者経験・他者理解は，フッサールのように自己の
固有な領野を出発点にして，いかに成り立つかを考察すべきものでない
ことは明らかであろう。むしろ，さしあたりは，我と汝に関して無差別
な，自己自身のものと他者のものとが区別されずに相互に入り混じった
仕方で含まれている体験流が流れている。シェーラーにおいては，我と
汝，「自己」と「他者」という意味は，そうした無差別の体験流から
「同時に（gleichzeitig）」（WS, 244）――いわば等根源的に――際立っ
てくるものと考えられているのである。

（3）自己と他者
　しかし，そうだとしても，自己と他者との意味の相違は一体どのよう

にして際立ってくるのだろうか。他者経験の成り立ちを明らかにしよう
とする私たちは，さらにそう問わなければならない。シェーラーによれ
ば，私たちは「同じ苦しみを『感得する』(«fühlen»)」——すなわちそ
の苦しみの体験を理解する——ことはできても，「同じ苦痛を感覚する
(empfinden)」ことはできない (WS, 249)。他者が体験している「身体
の状態 (Leibzustände)」，とりわけ「臓器感覚 (Organempfindungen)
とそれに結びついた感性的感情 (sinnliche Gefühle)」だけは，他者知
覚によっても決して知覚できない (WS, 249)。だとすれば，シェー
ラーにおいては，自己と他者との区別は，身体の状態を内側から感覚す
ることができるかどうか，すなわち「内感」されるか否かに関わってい
る。自己と他者 (の意味) の相違は，さしあたり自他に関して無差別な
体験流を生きている私たちが，身体の状態，とりわけ臓器感覚やそれと
結びついた感情に注意を向けることで際立ってくるのである。

　第2章で見たように，フッサールにおいては，意識に現れたアソコに
ある「物体 (Körper)」がココにある私の身体と「対になる」ことで，
その物体が私の身体とは異なる他の「身体 (Leib)」として捉えられ，
この身体に間接的に現前する形で「他我」の意味が成り立つと考えられ
ており，私の身体の固有な与えられ方やそれとは異なる他者の身体の現
れ方が，他者経験の成り立ちにきわめて重要な役割を果たしていた。
シェーラーにおいても「他者」という意味の成り立ちには，自己と他者
の身体の経験のされ方の相違が密接に関わっているのである。

2．ハイデガーの現存在の現象学

　シェーラーより少し遅れて，フッサールから「現象学的に見ること」
を学び，現象学を独自の仕方で存在論へと展開したのが，ハイデガー
(Martin Heidegger, 1889-1976) である。

48

　前節で考察した他者経験・他者理解の成り立ちに関して言えば，ハイデガーはこれを，私たちがつねにすでに他者たちと共に存在している「共存在」という存在の仕方として存在論的に考察した（この点については後述する）。しかし，主著『存在と時間』(1927 年)(＝SZ) では，他者経験に関してのみならず，さまざまな意味現象・意味経験の成り立ちが，「気遣い」という私たちの根本的な存在の仕方に基づいて明らかにされている。そこで以下，次章にわたって，『存在と時間』におけるハイデガーの思想を，本書のテーマに関わる限りで，明らかにしていくことにしたい。

(1)『存在と時間』という書物

　まず，『存在と時間』の思想を理解するうえで必要なこの書物の特徴について，最小限のことを確認しておく。

　『存在と時間』は，その序論に見られるように，「存在一般の意味 (Sinn von Sein überhaupt)」(SZ, 11, 13：§ 3) を明らかにすることを，究極的課題とする書物であった。ハイデガーは，家，机，木，鳥，人間といったさまざまな「存在者 (Seiendes)」に対して，それらを存在させているその根拠，すなわち「存在者を存在者として規定している当のもの」を「存在 (Sein)」と呼んだが (SZ, 6：§ 2)，彼によれば，そうした「存在への問い (Seinsfrage)」は，古代ギリシアのとりわけプラトン，アリストテレスにおいては盛んに論じられたものの，その後の哲学の歴史のなかで次第にゆるがせにされ，現代では全く忘却されてしまっている (SZ, 2f.：§ 1)。そこで彼は『存在と時間』において，「存在への問い」を改めて設定し直し，「存在の意味 (Sinn von Sein)」[3] を

---

[3]　「意味」とは，ハイデガーによれば，「それに基づいて何かが何かとして了解可能になる，企投の向かう先 (Woraufhin)」(SZ, 151：§ 32)，あるいは「存在を

問い確かめようとしたのである（SZ, 5f.：§ 2）。

　しかし，ふつう私たちに出会われてくるさまざまな「存在者」とは異なり，それらの「存在」は通常私たちには隠されている。そこで存在を問い，その意味を問い確かめるためには，まずもって，私たちに隠されている「存在者の存在」を見えるようにさせる「方法」が必要となる。ここに登場してくるのが「現象学」である。

　ハイデガーは，「現象（Phänomen）」と「ロゴス（Logos）」から成る「現象学」という表現を，古代ギリシア語にまで遡って，「自らその姿を見せてくるものを，それ自身のほうから姿を見せてくるとおりに，それ自身のほうから見えるようにすること」とパラフレーズする（SZ, 34：§ 7 C）。ハイデガーにとっては，通常私たちに隠されている「存在者の存在」や「その意味」こそが，「自らその姿を見せてくるもの（das Sichzeigende）」すなわち「現象」（＝「事象そのもの」）であるべきであり（SZ, 35：§ 7 C），そうした「存在者の存在」や「その意味」を「見えるようにする（sehen lassen）」（＝「ロゴス」）方法こそが，「現象学（Phänomenologie）」なのであった。

　しかし存在一般の意味を問うということは，ハイデガーによれば，何らかの存在者に問いかけて（befragen），その「存在」を問い（fragen），その「意味」を問い確かめる（erfragen）ことを意味する。それでは，まずもって問いかけられるべきは，どのような存在者だろうか。ハイデガーによれば，それは，漠然とではあれ「存在（ある・いる）」ということを了解している唯一の存在者である人間以外にはありえない。彼は，「理性的動物」という伝統的人間観を遠ざけつつ，〈現に

　了解する際の第一次的企投の向かう先」（SZ, 324.：§ 65）である。第 1 章第 1 節(2)で述べた「意味」概念に照らせば，「存在の意味」とは，「存在」がそれに向けて・あるいはそれに基づいてこそ了解可能になる，了解が目がけて向かう先としての方向性である。

そこで漠然とではあれ存在が開示されているような存在者〉という意味合いを込めて，個々の人間のことを「現存在（Dasein）」と呼ぶが，存在一般の意味を問うという課題は，それゆえ，ほかならぬこの現存在という存在者に問いかけ，通常は隠されている現存在という存在者の存在を問い，さらに現存在という存在者の存在の意味を問い確かめることを通じてなされることになる。こうして，『存在と時間』では，まずもって，現存在という存在者の存在論的構造を問う――すなわち，現存在に問いかけ，現存在の存在を問い，現存在の存在の意味を問い確かめる――「現存在の実存論的分析論」（SZ, 13：§4）たる「現存在の現象学（Phänomenologie des Daseins）」（SZ, 37：§7C）が，「基礎的存在論（Fundamentalontologie）」（SZ, 13：§4）として展開された。しかもそれは，現存在の存在論的構造を，それについて私たちが日常抱いている誤った先入見を力づくで破砕し隠蔽を解きながら，分析し解釈していく「解釈学」的現象学として遂行された（SZ, 37：§7C）。こうした基礎的存在論を踏まえて，さらに存在一般の意味が問われるはずだったのである。

　現行の『存在と時間』はしかし，現存在の存在の意味が「時間性」として問い確かめられ，「基礎的存在論」が成し遂げられた「前半」までで中断され，生前，後半が公にされることはなかった。基礎的存在論としての現存在の実存論的分析論からさらに進んで存在一般の意味を問うことを究極的課題としていた『存在と時間』は，結局，未完のままに遺されたのである。

　しかし，この書物において展開された「現存在の現象学」は，私たち人間の存在論的構造を明らかにした人間存在論として，現代哲学や現代思想，さらにその他の諸学問等，多方面に大きな影響を与えることになった。本書で注目する「ケアの現象学」も，ハイデガーの「現存在の

現象学」がなければ，今日のようには展開されえなかったであろう。そこで次に，現行の『存在と時間』の内容を，本書のテーマに必要な限りで概略していくことにしたい。

（2）問いかけられるべき存在者としての「現存在」

　現行の『存在と時間』では，上述のように，現存在という存在者に問いかけて，現存在の存在が問われ，その意味が問い確かめられている。そこでまず，私たち人間を〈世界内存在という在り方において実存しつつある現存在〉として捉えるハイデガーの人間観から見ていくことにしよう。

実存

　ハイデガーによれば，「存在への問い」において問いかけられるべき存在者として選び出された「現存在」は，他の存在者とは異なり，「自分の存在においてこの存在そのものが問題となるような存在者（das Seiende, dem es in seinem Sein um dieses selbst geht）」（SZ, 42：§ 9；cf. SZ, 12：§ 4），自分の存在に「しかじかの仕方で態度を取っており」，「そのつど自分の存在を自分自身のものとして存在しなければならない」（SZ, 12：§ 4）存在者である。きわめて難解な表現であるが，これらは，自分が存在していく——すなわち生きていく——なかで，自分が存在するということ——すなわち自分が生きていくこと——それ自体が問題になるような現存在の在り方，言い換えれば，日々の生活のなかで，そのつどどうふるまい，どう行為するのか，さらにこの人生をどう生きるのか，生きる意味は何なのかといったことを考え，自分で自分の生き方を選び取っていかざるを得ない私たちの在り方を，言い表していると解することができる。このような在り方をしている私たちは，そのつど自分の生き方を選び取っていくがゆえに，さまざまな可能性に開か

れた存在でもある。ハイデガーはこのような，そのつどの可能性におい
て，自分を了解しつつ，自分の存在の仕方を選び取って存在していかざ
るを得ないような現存在の本質的な在り方を「実存（Existenz）」[4]と呼
ぶ（SZ, 12：§ 4）。そして，実存する現存在の最も根本的な存在構造を
「世界内存在」と規定するのである（SZ, 53：§ 12）。

世界内存在

　ハイデガーによれば，人間は世界から切り離された単なる思惟主観や
理性ではないし，「世界」もまたそうした主観の認識対象（単なる事物）
の総体に過ぎないものでは断じてない。むしろ人間はあくまでも世界の
内に存在し，世界と慣れ親しみ，そのもとに住んでいる（SZ, 54：§
12）。私たちは「世界内存在（In-der-Welt-sein）」（SZ, 53：§ 12）と
して，この世界の内に投げ込まれ（「被投性（Geworfenheit）」）（SZ,
135：§ 29），この世界のほうから「働きかけられる（angegangen）」
（SZ, 137f.：§ 29）ことによって，つねに何らかの「気分（Stim-
mung）」（SZ, 134, 137：§ 29）のうちで，世界と自分自身を漠然とで
はあれ「了解（Verstehen）」する（SZ, 142f.：§ 31）。そして未来に向
けて自分を「企投（Entwurf）」（SZ, 145：§ 31）するのである。

　現存在がそのうちに生きており，自分が存在する基盤となっている慣
れ親しんだ「世界」とは，ハイデガーによれば，「～するための」もの
という意味を帯びた諸々の道具の有意味な道具連関，すなわち「有意味
性（Bedeutsamkeit）」（SZ, 87：§ 18）の連関である。私たち現存在
は，そのつどそうした馴染みの世界のほうから，「何かをするため」の

---

[4] 実存（Existenz）の語源は，ex（外に）＋ sistere（立つ）である。ハイデガー
は，デンマークの哲学者キルケゴール(Søren Aabye Kierkegaard, 1813-1855)の
影響を受け，現にある在り方からそのつど（いわば外に出て）在り方を選び取っ
ていく存在者の在り方をこの語で表現した。この概念の由来と広がりについて，
詳しくは第5章を参照されたい。

諸々の道具や他の現存在たちによって「働きかけられ」気分づけられながら（SZ, 137f.：§29），世界とその内に存在する自己を了解し，世界内部的存在者としての諸々の「道具」や，他の現存在としての「他者たち」に対して，そのつど企投という仕方で態度をとっているのである。

諸事物はどのように経験されるのか

したがって，種々の意味現象・意味経験の成り立ちを明らかにする哲学としての「現象学」という本書の観点からすれば，ハイデガーの場合，たとえば事物についての意味現象・意味経験に関しては，次のように言うことができる。諸々の事物は，私たちが「世界内存在」として，そのつど馴染みの世界のほうから——世界内部的な諸々の道具や他の現存在のほうから——「働きかけられ」気分づけられるなかで，単なる物体（これをハイデガーは「事物的存在者（Vorhandenes）」と呼ぶ）としてではなく，つねにすでに何かをするために適した道具という意味（＝「適所性（Bewandtnis）」）（SZ, 84：§18）を帯びて，しかも諸々の道具の有意味な全体的連関（＝「適所全体性」）のなかに位置づけられて現れてくる。事物はまずもって物体として現れ，それに対して「〜するための道具」という意味があとから付加されるのではない。むしろ，——本書第1章第1節（2）の「意味」概念を踏まえて言えば——自分の身の回りの「世界」はそのつどつねにすでに諸々の道具から成る有意味な全体的連関としていわば一定の方向性において現れており[5]，個々の事物はその連関に位置づけられ方向づけられて，「適所性」を具えた「道具」として現れてくるのだ。ハイデガーは，事物がそのつどつねにすでに有意味な道具連関のなかで，いわば適材適所な道具という意

---

[5] しかもこの方向性は，自分の存在においてこの存在そのものが問題であり気にかかっている現存在自身の，その存在〔という目的〕のためにという方向性によって規定されている（cf. SZ, 84：§18；SZ, 123：§26）。

54

味ないし方向性を帯びて現れる，このような出会われ方を，「アプリオ
リな完了」[6]（SZ, 85）とも表現している。

　しかし，どうして諸々の事物はつねにすでに，そのつど道具連関のう
ちに位置づけられた道具という意味を帯びて現れてくるのだろうか。そ
うした意味経験はどのように成り立っているのだろうか。ハイデガーに
よれば，それは現存在が「気遣い」という在り方をしていることによ
る。「気遣い」は現存在という存在者の「存在」を成すものである。そ
こで，次に「気遣い」に関するハイデガーの思想を見ていきたい。

（3）問われるべき「現存在の存在」としての「気遣い」

　前節で述べたように，現存在は世界内存在として，この世界の内に投
げ込まれ（「被投性」），世界のほうから「働きかけられ」，何らかの「気
分」のうちでおのれの可能性を「了解」しつつ「企投」していく。その
際，ハイデガーによれば，現存在は，そのつどつねに自分を取り巻くさ
まざまな道具（Zeug）に意を配り（SZ, 68：§ 15），また自分とともに
いる他者たちを顧みて慮り，結局は自分自身を気遣いながら存在してい
る。ハイデガーは特に，道具への気遣いを「配慮的気遣い（Be-
sorgen）」（SZ, 67-68：§ 15），他者への気遣いを「顧慮的気遣い（Für-
sorge）」（SZ, 121：§ 26）と術語化し，それらはしかし，もともとすで
に「自己」を気遣うことでもあるとして（SZ 193, 318：§ 41, 64），被
投的企投におけるこのような「気遣い（Sorge）」こそ，現存在を現存
在たらしめている当のもの——すなわち現存在という存在者の存在——
だと洞察した（SZ 182, 193：§ 39, 41）。そこで，これらの気遣いにつ

[6] 「アプリオリな完了」とは，事物が物体（＝事物的存在者）として経験される
　　のに先立ってそのつどつねにすでに（＝アプリオリに），世界が何らかの道具連関
　　として現れ，その道具連関への事物の位置づけが完了してしまっている事態を表
　　していると考えられる。

いて，もう少し立ち入って見ていくことにしたい。

配慮的気遣い

　「配慮的気遣い（Besorgen）」とは，「何かに関わり合う，何かを製作する，何かを整えたり世話したりする，何かを用いる，企てる」といった現存在の日常的な世界内存在の在り方である（SZ, 56-57：§12）。この配慮的気遣いという日常的現存在の在り方においては，身の回りの世界のなかの諸事物は，理論的認識の対象としてではなく，「何かをするため」に使用されたり製作されたりする「道具（Zeug）」——たとえば文房具や裁縫道具，工作用や測定用の道具，乗り物としての道具——として現れる（SZ, 66-68：§15）。しかも，道具は一つだけで現れるのではなく，たとえばペン，インク，紙，下敷き，机，ランプ，書斎といった諸々の道具が互いに指示しあって連関をなし，この例の場合には仕事をするための書斎という道具全体性のほうから，この全体性のうちに位置づけられて，個々の道具がそれとして出会われてくるのである（SZ, 68-69：§15）。これは，仕事において何かを企てるという「配慮的気遣い」の在り方においては，まずもって仕事部屋が仕事をするために適した道具の全体的連関（＝適所全体性）として一定の方向性を帯びて現れ，この全体のほうから，個々の道具が方向づけられて各々「～するため」という意味（＝適所性）を帯びて現れてくるということである。ハイデガーは，このように配慮的気遣いという在り方において現存在が物事に従事し，道具を用立てたり使用したりするときのものの見方，諸事物の全体的な道具連関（＝適所全体性）と個々の事物の道具的性格（＝適所性）を見抜くようなものの見方を「配視（Umsicht）」と名づけたが（SZ, 69：§15），以上からすれば，日常の私たちにとって，さまざまな事物が何かをするための道具という意味を帯びて現れてくるのは，ハイデガーによれば，私たちがそのつど「配慮的気遣い」という在り方

をしており，「配視」というものの見方をしているからなのである。

他者はどのように経験されるのか

　それでは，事物ではなく，人々は，日常どのように現れてくるのだろうか。ハイデガーによれば，他者たちは，たとえその場にいなくても，さしあたり，世界のほうから道具とともに出会われてくる。たとえば，岸に繋がれたボートは，水上での乗用に適した道具として私に現れるが，同時にそれは，そこに誰もいなくても，それに乗って漕ぎ出そうとする誰か，しかもそのボートを用いようとするその誰かの配慮的気遣いをも指示するものとして現れてくる。また着用のための衣服も，ただそこに衣服だけが置かれていても，それが特定の着用者の「身体に合わせて裁断されている」以上，それを作製した人や，着用されるべき人，さらにそれらの人々の衣服へのそれぞれの配慮的気遣いを指示するものとして現れる（cf. SZ, 117-118：§ 26）。ハイデガーによれば，このように，私たちが配慮的気遣いという在り方において，配視という見方をして，諸事物が何かをするための道具として現れてくる際には，同時に，その道具を作製した人やそれを用いる人も現れてくる。しかもその際，そうした人々は，その道具を作製したり利用したりするという仕方で〈配慮的に気遣う者〉として現れるのである。

　このことは，私たちが日常，配慮的気遣いという在り方において，配視という見方をしていることによって，身の回りの世界が道具連関として現れてくる際には，たとえそこに誰もいない場合でも，それらの道具を作製したり利用したりする者としての他者たちが，自分と同じように〈何かを配慮的に気遣う者〉という意味を帯びてすでに現れている，ということを意味する。ハイデガーによれば，「世界」は，そのつどつねにすでに，何らかの道具の全体的連関であるとともに，「私が他者たちと共に分かち合っている世界」すなわち「共世界（Mitwelt）」であり，

私は世界内存在として，つねに「他者たちと共にある共存在（Mitsein mit Anderen）」である。他者たちも，私という現存在と共に存在している「共現存在（Mitdasein）」であり（SZ, 118：§ 26），しかもその他者たちは，私と同様，そのつど何かを配慮的に気遣っている者である。したがって，他者経験の成り立ちに関して言えば，ハイデガーの場合，たとえばフッサールが明らかにしたように，種々の諸感覚を内側から感じ，自らの運動感覚をもつという「固有の身体性」を具えた「私の身体」を意識している私の我の理解を前提に，意識の志向性によってある物体が「他の身体」として捉えられることで，その身体に付帯的に現前する形で「他 我」という意味が構成されるというプロセスを経る必要はない。現存在がつねにすでに他の現存在たちと共存在している以上，その存在の仕方からして，他者経験はつねにすでに成り立ってしまっているのである。

顧慮的気遣い

　さて，このような仕方で出会われる他者たちへの気遣いを，ハイデガーは配慮的気遣いと区別して，「顧慮的気遣い（Fürsorge）」と名づけた。配慮的気遣いにおいては，出会われてくる道具が，調達されたり作製されたり使用されたりといった仕方で気遣われるのに対して，他者は道具のように，用立てたり使用したりといった仕方で気遣われるのではないからである。他者を気遣う「顧慮的気遣い」の場合は，むしろ他者の気遣いそのものが気遣われる。たとえば，親が空腹の子どもを気遣って子どもに食事を用意し世話をする場合，この子どもへの親の「顧慮的気遣い」は，子どもが〈空腹で食事を求め，食料を配慮的に気遣う者〉という意味を帯びて親に現れることによって，まさにこの〈食事を求める子ども自身の配慮的気遣い〉を気遣っているのである。

　しかし，他者たちが以上のように，つねにすでに何かを気遣う者とい

う意味を帯びて現れ，何を気遣っているのかが理解されて，他者理解が
成り立つのは，いったいいかにしてであろうか。

　ハイデガーによれば，顧慮的気遣いは「顧視（Rücksicht）」および
「追視（Nachsicht）」という見方によって導かれている（SZ, 123：§
26）。これら二つの見方について，ハイデガーは必ずしも十分な説明を
与えていないのだが，語の成り立ちからして，「顧視」は，他者のそれ
までのふるまい・言動を顧みて見ることで，また「追視」は他者のこれ
からのふるまい・言動を追って見ていくことで，その他者が何を気遣っ
ているのか，その方向性を見て取る見方であると理解することができ
る。日常の私たちにとって，さまざまな事物が何かをするための道具と
いう意味ないし方向性を帯びて現れてくるのは，私たちがそのつど「配
慮的気遣い」という在り方をしており，「配視」という見方をしている
からであったが，他者たちが何かを配慮的に気遣う者として現れ，他者
理解が成り立つのは，「顧視」と「追視」という見方で他者たちを見る
からである。そして，この「顧視」と「追視」という見方によって他者
の気遣いの方向性が見て取られ，その他者への「顧慮的気遣い」が起動
するのである（SZ, 123：§ 26）。

　ハイデガーによれば，「顧視」と「追視」には各々，欠損的で無関心
な種々の様態が段階的に存在する。「顧視」は，他者のこれまでのふる
まい・言動を全く顧みない「無顧視（Rücksichtslosigkeit）」にまで至
り，「追視」は，他者のこれからのふるまい・言動に全く「無頓着
（Gleichgültigkeit）」な「大目に見る（Nachsehen）」見方にまで至りう
るとされる（SZ, 123：§ 26）。しかし，「差しあたってたいてい，顧慮的
気遣いは，欠損的な諸様態か少なくとも無差別的な諸様態——すなわち
互いに素通りしあう無頓着（Gleichgültigkeit des Aneinandervor-
beigehens）という在り方——をとっている」ために，相手を身近に本

質的に知るには，まずもって「互いに知り合うこと」が必要だとも，ハイデガーは述べている（SZ, 124：§ 26）。したがって，「顧視」と「追視」はさしあたってたいていは，むしろ欠損的な様態で働いており，それが，特定の他者に関心を抱き，互いに知り合うことによって積極的に機能するようになり，こうして「顧慮的気遣い」が積極的な様態で起動するのである。

　ハイデガーによれば，他者への顧慮的気遣いは，そうした積極的な様態に関して，「二つの極端な可能性」をもっている。このことが述べられている箇所は，「ケアの現象学」に向けての現象学の展開を追う本書にとってきわめて重要であるが，考察すべきことが多岐にわたるので，本章はここまでとし，次章で改めて論じることにしたい。

4 | ドイツにおける現象学の展開(2)
：ハイデガー（つづき）

榊原哲也

《**目標&ポイント**》　ハイデガーが他者への顧慮的気遣いをどのように捉えているのかを理解するとともに，現存在の非本来的な在り方と本来的な在り方をめぐるハイデガー独特の諸概念を理解する。
《**キーワード**》　顧慮的気遣い，世人，頽落，非本来性と本来性，先駆的決意性，時間性

1．ハイデガーの現存在の現象学（つづき）

（1）問われるべき「現存在の存在」としての「気遣い」（つづき）

　前章で明らかにしたように，ハイデガーによれば，私たちは各々「現存在」として，そのつど自分の生き方を選び取っていかざるを得ない「実存」という在り方をしており，「世界内存在」として世界のうちに投げ置かれ，諸々の道具や他者たちから働きかけられて気分づけられつつ，世界とそのうちに存在する自己を了解し，未来に向けて何かを「企投」していくのであった。その際，現存在は，「配視」によって見て取られた適所性の連関をなす諸々の道具に「配慮的気遣い」という仕方で関わっており，また「顧視」と「追視」によって見て取られた他者たちの気遣いに「顧慮的気遣い」という仕方で応じつつ他者に関わっていると考えられるのであった。

　ハイデガーによれば，他者への「顧慮的気遣い」には，誰かを気遣うその「積極的な様態」に関して，「二つの極端な可能性」がある。その二つとは，「跳び込んで尽力し〔他者を〕支配する顧慮的気遣い（einspringend-beherrschende ［Fürsorge]）」と「先に跳んで手本を示し〔他者を〕解放する顧慮的気遣い（vorspringend-befreiende ［Für-sorge]）」である（SZ, 122：§ 26）。ハイデガーによれば，これら「積極的な顧慮的気遣いの二つの極端（略）の間に，日常的な相互共存在は保たれており，多様な混合形態を示すことになる」（SZ, 122：§ 26）のではあるが，これら二つの顧慮的気遣いの概念は，「ケアの現象学」に向けての現象学の歩みを明らかにする本書にとってきわめて重要であるので，以下，少し立ち入って考察しておくことにしたい。

跳び込んで尽力する気遣い

「跳び込んで尽力し支配する顧慮的気遣い」について，ハイデガーは次のように述べる。

　顧慮的気遣いは，特定の他者から「気遣い」をいわば取り去って（abnehmen），その他者に代わって配慮的気遣いの内に身を置き，跳び込んでその他者の代わりに尽力する（*einspringen*）ことがある。こうした顧慮的気遣いは，配慮的に気遣われるべき当のことがらをその他者に代わって引き受けるのである。この他者はその際自分の居場所から追い出され，引き下がることによって，その結果，配慮的に気遣われたものを意のままになるように仕上げられたものとしてあとで受け取ることになるか，もしくは配慮的に気遣われたものから全く免除されてしまうことになる。そうした顧慮的気遣いにおいては，その他者は，依存的で支配を受ける人になることがありうる。たとえ，この支配が暗黙のうちのものであって，支配を受ける人には秘匿されたままであろうとも，そうなのである。跳び込んで尽力し，「気遣い」を取り去ってしまうこの顧慮的気遣いは，相互共存在を広範囲にわたって規定しており，またそれは，たいて

いの場合，道具的存在者を配慮的に気遣うことに関係している。
(SZ 122：§ 26)

　引用から明らかなように，この顧慮的気遣いは，「顧視」と「追視」
によって他者が何かを配慮的に気遣っている者という意味を帯びて現れ
てきたとき，配慮的に気遣われているその何かをその人に代わって引き
受けて尽力するような気遣いである。たとえば，前章で述べた，空腹の
子どもに対して親が食事を用意し世話をするような顧慮的気遣いが，こ
れにあたるだろう。子どもが〈空腹で食事を求め，食料を配慮的に気遣
う者〉という意味を帯びて親に現れることによって，まさにこの〈食事
を求める子ども自身の配慮的気遣い〉を受け止め気遣って，子どもの代
わりに食事を用意し世話をするという仕方で尽力するからである。
　しかし，注意しなければならないのは，この顧慮的気遣いが行き過ぎ
た場合，「支配」と「依存」の関係を生み出しかねないということであ
る。親が行う子どもへの食事の世話は，子どもが幼い場合は必要不可欠
だが，十分に成長している場合には，子どもが自分で行いうる配慮的気
遣いを取り去ってしまい，子どもが親に依存し，また親が知らず知らず
のうちに子どもを支配したり抑圧したりする関係になりかねない。しか
し，ハイデガーは，他者の配慮的気遣いを気遣って「跳び込んで尽力し
支配する」こうした顧慮的気遣いが，私たちの「相互共存在」を「広範
囲にわたって規定している」と述べている。私たちが日常，積極的に他
者を気遣う，他者をケアするという場合の多くで，このタイプの気遣い
がなされているのである。
先に跳んで手本を示す気遣い
　これに対し，もう一方の「先に跳んで手本を示し解放する顧慮的気遣
い」については，以下のように述べられている。

　これに対して，特定の他者の代わりに跳び込んで尽力するというよりは，その他者が実存的に存在しうるその点において前もってその他者の先に出て跳ぶ（*vorausspringen*）ような，そうした顧慮的気遣いの可能性が成り立つのだが，これは，その他者から「気遣い」を取り去るためではなく，その他者に「気遣い」を気遣いとしてまずは本来的に返してやるためなのである。こうした顧慮的気遣いは，本質的にはその他者の本来的な気遣いに——言い換えれば，その他者の実存に関係するのであって，その他者が配慮的に気遣っている何かに関係するのではない。そしてそのような顧慮的気遣いは，その他者が自分の気遣いにおいて自分を見通し，自分の気遣いに向かって自由になるように，その他者を助けるのである。（SZ 122：§ 26）

　この顧慮的気遣いは，他者が配慮的に気遣っている何かに関係するのではない。この顧慮的気遣いも，「顧視」と「追視」によって他者の気遣いを見て取るはずだが，「その他者が配慮的に気遣っている何か」を見て取ってそのことに尽力するのではなく，その他者に「気遣い」を「本来的に返してやる」べく，その他者の実存可能性に関して，前もってその他者の先に出て跳び，いわば手本を示す。そして，そのことで，その他者が自分自身の気遣いを見通して自由になるようにし，こうしてその他者の「本来的気遣い」に関わっていこうとするのである。
　しかし，ここで言われている「本来的気遣い」とはいったいどのような気遣いだろうか。また他者の「本来的気遣い」に関わることでその他者を自由にし「解放する」気遣いとは，いったいどのような顧慮的気遣いなのだろうか。ハイデガーはこれらの点について，この箇所ではそれ以上のことは何も述べていない。実は，この点を明らかにするために

64

は，『存在と時間』のこのあとの箇所で論述されている平均的な日常に
おける「世人」という在り方について，また不安という根本気分と，そ
のなかで自分の死へと先駆して決意する先駆的決意性といった「本来
的」な在り方について，さらに理解する必要がある。私たちは以下，考
察を先に進めたうえで，改めて，他者の「本来的気遣い」に関わるこの
顧慮的気遣いの内実に立ち戻ることにしよう。

（2）非本来性と本来性
世人

　これまでのところで，現存在という存在者を現存在たらしめている当
のもの——すなわち現存在という存在者の存在——が「気遣い」である
ことは明らかになっている。現存在は「実存」という在り方で「世界内
存在」し，道具を配慮的に気遣い，他者を顧慮的に気遣い，そのことに
よって自己を気遣いつつ存在しているのである。しかしハイデガーによ
れば，気遣いつつ存在する現存在は，平均的な日常的な在り方において
は，道具や他者を気遣うまさにそのゆえに，自分ではない道具や他者の
ほうから自分を了解して主体的自己を見失い，「人が楽しむとおりに楽
しみ興じ，人が見たり判断したりするとおりに文学や芸術を読んだり見
たり判断したりする」ような「世人（das Man）」（SZ, 126：§ 27）の
状態にある。日常的な現存在は，相互に「他者たちとの区別」や他者た
ちとの「距離」を気遣い（「懸隔性（Abständigkeit）」），平均的であろ
うと配慮的に気遣い（「平均性（Durchschnittlichkeit）」），出しゃばっ
てくる例外を監視しつつ「均等化（Einebnung）」する。こうして「い
わゆる公共性というもの（»die Öffentlichkeit«）」も成り立っているの
である（SZ, 126-127：§ 27）[1]。

---

[1] このような「世人」の在り方において出会われてくる他者たちは，そのつど何

頽落／非本来性

このような在り方で相互に共存在している「世人」は，「空談
（Gerede）」（SZ, 167：§ 35）によって人々が言っていることを「語り
広め語り真似」（SZ, 168：§ 35）[2]，「好奇心（Neugier）」によってつね
に新たなことを追い求めては飽き飽きし（SZ, 170：§ 36），人々の公共
的な理解は曖昧なままである（＝「曖昧性（Zweideutigkeit）」）（SZ,
173：§ 37）。こうして，日常の現存在は，「世人の公共性」のうちに自
らを喪失し，「本来的な自己でありうること」からさしあたりつねにす
でに脱落してしまっている。こうした「日常性の存在の根本様式」を，
ハイデガーは「配慮的に気遣われた『世界』」への「現存在の頽落
（Verfallen des Daseins）」と呼ぶ（SZ, 175：§ 38）。現存在は，さしあ
たりたいていはこのような自己を喪失した「非本来性（Uneigentlich-
keit）」のうちにある（SZ, 128, 175：§ 27, § 38）。それゆえ気遣いに
は，それが道具や他者たちを気遣うがゆえに，頽落への宿命も構造上含

か・誰かを気遣っている「特定の他者たち」ではなく（SZ, 126：§27），日本語
であれば「世間」とでも表現されうるような不特定な人たちであって，〈何かを
気遣う者〉として一人ひとりが出会われてくるわけではない。前章において，他
者たちが〈何かを配慮的に気遣う者〉として現れてくるのは，「顧視」と「追視」
という見方で他者たちを見ているからだと述べたが，「世人」という在り方にお
いては，この「顧視」と「追視」が「特定の他者たち」に対してではなく，世人
としての人々に向けられているのだと考えられる。しかしそれは，「顧視」と
「追視」が「無顧視」と「無頓着」という欠損的で無関心な様態（cf. SZ, 123：§
26）になっているということを意味しない。ハイデガーいわく，「世人というか
たちをとった相互共存在は，各自が閉じこもって互いに無頓着に併存している
（abgeschlossenes, gleichgültiges Nebeneinander）のではまったくない」。むし
ろ，世人は「懸隔性」や「平均性」を気遣うがゆえに，人々がこれまでどうふる
まってきたのか，そしてこれからどうふるまうのか，またこれまで何を言ってき
たのか，これから何を言うであろうかを，互いに監視し合うという仕方で「顧
視」と「追視」を働かせていると考えられる（cf. SZ, 174f.：§ 37）。
[2] この状態は次のようにも表現される：「人がそう言うから実際そうなのだ（Die
Sache ist so, weil man es sagt）」（SZ, 168：§ 35）。

66

まれているのである。

不安／死へと関わる存在

　それでは現存在を，非本来性から「本来性（Eigentlichkeit）」（SZ, 232ff. ：§ 45）へと目覚めさせるきっかけとなるものとは何か。ハイデガーによれば，それは「不安（Angst）」という根本気分である[3]。不安は「恐れ（Furcht）」（SZ, 184：§ 40）とは異なり，特定の対象をもたない。むしろこの私が世界の内に存在していることによって，まさにこの世界内存在であることそれ自体を気遣って不安になるのである[4]。それは，他の誰でもないこの私が引き受けなければならない「死（Tod）[5]という「最も固有な，没交渉的な，追い越しえない可能性（die eigenste, unbezügliche, unüberholbare Möglichkeit）」に対する不安でもある（SZ, 250-251：§ 50）[6]。世人は，「ひとは結局いつかは死亡するものだが，さしあたっては自分自身には関係がない」（SZ 253：§ 51）と語り，自分自身の死から逃避しようとするが，そのような在り方こそが逆に，現存在がまさに，他ならぬ自分自身の「死へと関わる存在（Sein zum Tode）」（SZ, 251, 254f. ：§ 50, 51）であることを示しているのである。

先駆的決意性／本来性

　ハイデガーによれば，私たちはこうした自分の死への不安のうちで，

---

[3] ハイデガーは「不安（Angst）」こそ，現存在の「根本情状性（Grundbefindlichkeit）」であると述べている（SZ, 188：§ 40）。

[4] 「不安の対象は，世界内存在そのものである」と言われる（SZ, 186：§ 40）。

[5] ハイデガーは「死」について次のように述べている。「死は，現存在が存在するやいなや，現存在が引き受ける一つの存在する仕方である。『人間は生まれ出るやいなや，ただちに十分死ぬ年齢になっているのである』」（SZ, 245：§ 48）。

[6] ハイデガーは次のように言う。「死に対する不安（Angst vor dem Tode）」という「この不安の対象は世界内存在そのものであり」，「この不安の理由は，現存在の存在しうることそのものである」（SZ, 251：§ 50）。

世人としての自己喪失状態から引き離され「単独化（Vereinzelung）」
し（SZ, 263：§ 53），また自分の死という可能性に向けて「先駆」する
ことによって，追い越し不可能性に向かって「自由に自分を解放し」
（SZ 264：§ 53），在るべき本来的な自分自身（本来的自己）の在り方
を選び取る。実際，現存在は「気遣いの呼び声」である「良心（Gewis-
sen）」（SZ, 274：§ 57）[7]の，その呼び声に応じて，自分が「非力」で
「負い目がある」ことを自覚し（SZ, 283-287：§ 58），「良心をもちたい
と意志すること」（SZ, 288：§ 58）（＝決意性）において，死という可
能性のうちへと先駆する。まさにこの「先駆的決意性（vorlaufende
Entschlossenheit）」（SZ, 306：§ 62）において，現存在は本来的自己
となるのであり，先駆的決意性こそが，現存在の「本来的実存
（eigentliche Existenz）」（SZ, 263：§ 53）としての在り方にほかならな
い。先駆的決意性とはそれゆえ，現存在の存在をなす「気遣い」の本来
的様態，すなわち「本来的気遣い」（SZ, 326, 327：§ 65）なのである。

他者の「本来的気遣い」に関わる顧慮的気遣い

　さて，ここまで来てようやく，ハイデガーの言う「本来的気遣い」が
どのようなものであるのかが明らかになった。「本来的気遣い」とは，
以上からすれば，「最も固有な，没交渉的な，追い越しえない可能性」
としての自分自身の死へと先駆し，本来あるべき自分自身の在り方を決
意して選び取ろうとする「先駆的決意性」という在り方にほかならな
い。それこそが，最も本来的な自己への気遣いなのである。

　だとすれば，先に問題となっていた「他者の本来的気遣い」に本質的
に関わって「先に跳んで手本を示し〔その他者を〕解放する顧慮的気遣

---

[7] 「良心はひたすら不断に沈黙という様態において語る（*Das Gewissen redet ein-
zig und ständig im Modus des Schweigens*）」とハイデガーは述べている（SZ,
273：§ 56）。

い」とは，いったいどのような気遣いであろうか。先に出て跳んで他者に手本を示すことができるためには，まずもって自分が自分自身の死へと先駆して本来的な生き方を決意して選び取り，自己への「本来的気遣い」という在り方をしていなければならないだろう。そうであってこそ，他者に関わる「積極的な様態」として，先に出て跳んで手本を示すことができるはずだからである。したがって，この顧慮的気遣いは，先に先駆的に決意した現存在が，自分自身の姿を相手に見せ，そのことで，「その他者が自分の気遣いにおいて自分を見通し，自分の気遣いに向かって自由になるように」して，その他者もまた自分で先駆的に決意し，自己を本来的に気遣えるように「その他者を助ける」気遣いなのだ。だからこそ，別の箇所でハイデガーは，「決意した現存在は，他者の良心になりうる」とも述べる[8]。この場合の「顧視」と「追視」は，その他者の何らかの「配慮的気遣い」を見て取ろうとするのではない。むしろ，これまでのふるまい・言動を顧み，これからのふるまい・言動を追って見ていくなかで，その他者が自分を見通し，自由において自分を本来的に気遣えるよう，その他者自身の気遣いを見守っていこうとするのだと考えられる。

---

[8] 前後の文脈は以下のとおりである。「決意した現存在（das entschlossene Dasein）は，自分で選択した存在可能の目的であるものに基づいて，自分の世界に対して，自分を解放する。現存在は，自分自身への決意性によって初めて，共存在する他者たちを彼らに最も固有な存在可能において「存在」させることができ，彼らのこの最も固有な存在可能を，先に跳んで〔彼らの〕前に出て〔彼らを〕解放する顧慮的気遣いにおいて共に開示することができるようになる。決意した現存在は，他者たちの「良心」（»Gewissen« der Anderen）になりうるのである。決意性という本来的な自己存在から，初めて，本来的な相互共同性が発現するのである……」（SZ, 298：§ 60）。

（3）問い確かめられるべき現存在の存在の意味──「時間性」

既在しつつ現成化する到来

　これまで私たちは，ハイデガーの『存在と時間』の論述に沿って，存在への問いを問いかけられるべき「存在者」である現存在が，実存する世界内存在という在り方をしていること，現存在という存在者を現存在たらしめているもの，すなわち問われるべき「現存在の存在」が「気遣い」であること，そして道具への「配慮的気遣い」，他者への「顧慮的気遣い」がどのような在り方なのかということ，その際，どのようなものの見方がなされているのかということを明らかにしてきた。それでは，現存在の存在である「気遣い」がそれに向けて・あるいはそれに基づいて了解可能になるところの「現存在の存在の意味」は，いったい，いかなるものとして問い確かめられるのであろうか。

　ハイデガーはそれを，本来的気遣いとしての先駆的決意性から，「時間性」として読み取る。彼によれば，現存在の存在である気遣いには一般に，〈自分に先んじつつ世界の内にすでに存在することで世界内部的に出会われる存在者のもとに存在する〉という構造が含まれているのだが（SZ, 192：§ 41），本来的気遣いとして明らかになった先駆的決意性とは，「最も固有な，没交渉的な，追い越しえない可能性」である自分の死へと先駆し，この可能性を自分のものとして引き受けつつ，自分が非力で負い目あることを自覚し，最も自分らしい在り方であろうと決意することであった。こうした「先駆的決意性」という在り方が可能であるためには，まずもって，現存在は自分の死を目がけていわば先取りし，この可能性を自分のものとして引き受けていなければならない。「先駆（Vorlaufen）」（SZ, 262：§ 53）と呼ばれるこの自分の死への先駆けとは，未だ来ぬ自分の死という可能性を可能性としてしかと見つめつつ自分自身を（あるべき）固有の自分へと「到来（Zukunft）」（SZ,

325：§ 65）させることだとハイデガーは言う。そして，このようにして自分の死へと先駆け，自分を在るべき固有の自分へと到来させることによってこそ，現存在は，自分がすでに経てきたこれまでの非力で負い目ある在りようを改めてありのままに引き受け，そのときどきの状況のなかで道具と現に向き合い，決意しつつ行為していくことができるのである。

　ハイデガーは，「自分がすでに経てきたこれまでの在りようを改めてありのままに引き受ける」ことを「既在（Gewesen）」（SZ, 326：§ 65）と呼び，また「そのときどきの状況のなかで現存している道具と現に向き合う」ことを「現成化する（Gegenwärtigen）」（SZ, 326：§ 65）と呼ぶので，「先駆的決意性」とは，「既在しつつ現成化する到来（gewesend-gegenwärtigende Zukunft）」という構造によってこそ可能であることになる（SZ, 326：§ 65）。まさにこの，自分の死という可能性をしかと見つめつつ自分を（あるべき）固有の自分へと「到来」させることで，自分のこれまでの非力で負い目ある在りようを改めてありのままに引き受け，そのときどきの状況のなかで現存している道具と現に向き合うという現存在の存在の構造こそが，「時間性（Zeitlichkeit）」と呼ばれるのである（SZ, 326：§ 65）。

　このように，ハイデガーは，「先駆的決意性」という現存在の存在の仕方から，この存在の仕方を可能にする「既在しつつ現成化する到来」という構造を「時間性」として明らかにしたのだが，この「時間性」こそ，現存在の最も本来的な存在の仕方である先駆的決意性という「本来的気遣い」が，それに向けて・あるいは基づいてこそ了解されるところの「本来的気遣いの意味（Sinn der eigentlichen Sorge）」（SZ, 326：§ 65），すなわち最も本来的な現存在の存在の意味にほかならない。かくして，現存在に問いかけ，現存在の存在を問い，現存在の存在の意味を

問い確かめるという，「現存在の実存論的分析論」たる「基礎的存在論」
(SZ, 13：§ 4) の課題は，果たされたのである。

2.　ケアの現象学に向けて——時間性をどう捉えるか

　ハイデガーは，現存在の存在の意味としての「時間性」を，以上のよ
うに「既在しつつ現成化する到来」として，「先駆的決意性」という自
分の死へと先駆して決意する本来的な現存在の自己への気遣いの在り方
から導き出した。そして，この時間性が，「世界」に頽落してさまざま
な物事を配慮的に気遣う日常の非本来的な在り方においては，「現在」
を基点として未来を「予期」し過去を「保持」して「計画」したり「手
配」したりする，「予期し保持しつつ現成化する（gewärtigend-behal-
tende Gegenwärtigen）」という変様した様態をとると考えたのである
(SZ, 406：§ 79)。

　けれども，先に述べたように，気遣いは一般に，〈自分に先んじつつ
世界の内にすでに存在することで世界内部的に出会われる存在者のもと
に存在する〉という構造——言い換えれば，何らかの未来を目がけて，
過去の経験を踏まえつつ，今，何らかの物事や人々に関わるという時間
的構造——を具えており，これは，自分の死へと先駆して決意する本来
的な自己への気遣いにおいても，日常の（ハイデガーによれば非本来的
な）配慮的気遣いや顧慮的気遣いにおいても，変わりはない。広く「ケ
ア」と呼ばれる営みの多くも，日常の気遣いの在り方においてなされて
おり，上記の時間的構造を具えていると考えられる。

　そこで，ケアの現象学に向けての現象学の展開を明らかにする本書に
おいては，先駆的決意性を強調して「時間性」を理解するよりむしろ，
〈何らかの未来を目がけて，過去の経験を踏まえつつ，今，何かを気遣
う〉という現存在の時間的構造が，総じて「気遣い」という在り方一般

を成り立たせていることを重視しておきたい。のちに私たちは，現象学の視点から看護理論を展開したベナーが，この方向でハイデガーの思想を受け継いでいるのを見ることになるはずである。

　しかし，私たちはその前に，フランスにおける現象学の展開を見ておかなければならない。そこでは，さまざまな物事，人々が意味を帯びて経験される際に，とりわけ「身体」が大きな役割を果たしていることが明らかになるであろう。

5 | 戦後フランスにおける現象学 ：「実存」という問題圏

本郷　均

《目標＆ポイント》　現象学のフランスへの「移植」前後の状況と，その独自
の展開を理解する。また，現象学がサルトルを中心とする「実存主義」に与
えた影響について理解する。
《キーワード》　ベルクソン，ヤスパース，マルセル，サルトル，実存主義

1. はじめに　現象学とフランスの哲学

　フッサールが創設し，シェーラー，ハイデガーなどによって推進され
た現象学運動は，1910年代からフランスに紹介されはじめ，戦後には
フランスでも大きな運動を作り出すことになる。

　第二次世界大戦後，人間が現実的に存在する在り方を出発点として，
そこから哲学を立ち上げようとする実存主義が大きな潮流を作り出し
た。この思想の柱となったのが，現象学である。

　本章では，フランスでどのように現象学が受け入れられ，戦後の流行
思潮となった実存主義とどのように関係し展開したかについて概観す
る。あわせて，実存主義にとっての現象学の意味について考察する。

2. 現象学移植以前のフランス哲学

　「フランスにおける現象学」。このことが意味しているのは，単に現象
学が学問的な対象としてフランスで研究されたということではない。現
象学は，フランスへ移植され，フランスという「土壌の産物であるかの

74

ようにフランスに根を下ろし」[1]，独自の実りをもたらした。この土壌
について，最初に述べておこう。

19世紀末頃，フランス哲学には，大きく二つの方向性があった。一
方には，フランス・スピリチュアリスムの流れを汲み，「生の哲学」と
も言われるベルクソン（Henri-Louis Bergson, 1859-1941）[2]の哲学があ
り，他方には，ブランシュヴィック（Léon Brunschvicg, 1869-1944）[3]
に代表されるデカルト以来の合理主義的な哲学があった。フーコー
（Michel Foucault, 1926-1984）[4]は，この二つの哲学の傾向を「経験，意
味，主体の哲学と，知，合理性，概念の哲学」[5]として特徴づけている。

前者のベルクソンから見てみよう。現象学の「事象そのものへ」とい
うスローガンは，さまざまな解釈がありうるとしても，根本的には経験
が問題の場であるという点では大きな違いはない。ベルクソンの哲学
は，経験の内側から「直観」という方法によって事象を直接捉えること
を目指す。これは，すでにもっているさまざまな知識などによって経験
を分析することを目指すものではない。この点で，現象学の還元の方法
とベルクソンの直観の哲学との近さが認められる。

他方で，すでに第1章で述べられているように，フッサールの出発点
は数学であり，生涯，論理性や厳密さへの関心は薄れることがなかっ
た。この点では，後者の合理主義，概念の哲学の方向性との近さを認め
ることができる。

フーコーは，現象学もこの二つの傾向に沿った形で移植され，主体の

---

[1] Lévinas, "Preface", p. XIV.
[2] 代表作は『意識に直接与えられたものについての試論』，『物質と記憶』など。
[3] パスカル『パンセ』編集者としても知られている。
[4] 構造主義からポストモダンの時期を代表する人物の一人。代表作は『狂気の歴史』，『監獄の誕生』など。
[5] Foucault, "La vie", (1583/290f.).

哲学に対応する「サルトルとメルロ=ポンティの系譜」と，概念の哲学に対応する「カヴァイエス，バシュラール，カンギレムの系譜」があるとする。ちなみに，概念の哲学の方向性は，一般にはエピステモロジー[6]と呼ばれ，こちらも20世紀フランス哲学の重要な系譜となる。

　また，導入の初期には，キリスト教哲学においても現象学受容が行われていた。現象学は，さまざまな角度から，それぞれのやり方で受容されていたのである。

　このようにして整えられた土壌[7]に，1910年代からフランスへと現象学が紹介されはじめ，1929年にフッサールがパリのソルボンヌ大学で講演（後の『デカルト的省察』）を行ってから本格化する。この講演のフランス語訳をパイファーとレヴィナスが行い，また同じくレヴィナス『フッサール現象学の直観理論』などが公刊されることで，フランスに現象学が根づいていくことになるのである。

3．実存の哲学と現象学の交差点

（1）「実存」の意味

　「実存」の意味を理解するにあたっては，すでに第3章，第4章で説明されたハイデガーの影響が大きいが，ここではサルトルとつながる線を引くために，まず「実存」の意味について確認しておこう。

　日本語の「実存」という語は，英語・仏語のexistence，独語のEx-

---

[6] 「科学認識論」と訳される。科学史を対象としながら，科学における認識のあり方とその変遷を研究するもので，フーコーやドゥルーズに大きな影響を与えている。なお，ここでは，「概念の哲学」の系譜については触れる余裕がないので，関心がおありの方は，先に引用したフーコーの論文，またバロー著，松田克進訳『エピステモロジー』（文庫クセジュ，白水社）などをご参看いただきたい。

[7] ほかにももちろん，いくつかの移植の土壌となる要素はあるが，ここでは省略する。詳しくは，箱石匡行『フランス現象学の系譜』，あるいはヴァルデンフェルス『フランスの現象学』をご参看いただきたい。

istenz の翻訳で，現実存在を略したものである[8]。現実存在と対になる概念は，伝統的には「本質 essence」である。existence という言葉はラテン語 exsisto に由来し，その大元の意味は「外に出て（ex）立つこと（sisto）」であり，その意味から「現れること」によって「見えるようになる」ことも表し，そのようにして現実世界のなかに場を占めることを意味するようになる。よって通常，単に〈存在（していること）〉と訳しても問題ないのだが，本書第3章の「実存」の箇所で示されているように，人間つまり現存在の存在に関しては，特に事物とは異なる存在の仕方をしているため，existence を「実存」と訳して他の事物などと区別しているのである。

（2）キルケゴール

この意味での実存概念には，ハイデガーにも影響を与えた先駆者たちがいる。少し遡ると，すでにシェリング（Friedrich Wilhelm Joseph von Schelling, 1775-1854）[9] が，特に積極哲学を標榜する後期に実存的な視点を有していたことはよく知られている。さらにデンマークの哲学者キルケゴール[10] は，ハイデガーも彼の不安の概念などを取り込んでいるように，後世への影響の大きさから，実存主義の祖とも言われる。二人とも，ヘーゲル哲学への批判的な立場から実存の思想に至っているの

---

[8] 九鬼周造（1888-1941）は，「可能的存在〔本質〕に対して現実的存在を実存と云っても良い」（「実存哲学」84頁）と書いている。九鬼は，1922 から 29 年にかけて，ドイツ，フランスに留学し，フッサール，ハイデガー，ベルクソンと直接交わった。また，当時学生だったサルトルにフランス哲学についての講義を受けたという記録がある。代表作『いきの構造』は，日本文化を現象学的解釈学によって解明した傑作である。

[9] フィヒテ，ヘーゲルと並ぶドイツ観念論に属する哲学者。代表作は『人間的自由の本質』，『学問論』など。

[10] 代表作は『不安の概念』，『反復』など。

が特徴的である。ここではキルケゴールを取り上げて見てみよう。

　キルケゴールのよく知られたヘーゲル批判に次のようなものがある。

　　或る思想家〔＝ヘーゲル〕が巨大な殿堂を，体系を，全人世と世
　界史やその他のものを包括する体系を築き上げている——ところ
　が，その思想家の個人的な生活を見てみると，驚くべきことに，彼
　は自分自身ではこの巨大な，高い丸天井のついた御殿に住まない
　で，かたわらの物置小屋か犬小屋か，あるいは，せいぜい門番小屋
　に住んでいるという，実に驚くべくもまた笑うべきことが発見され
　るのである。（『死にいたる病』84 頁）

　ヘーゲルの打ち立てた弁証法的な哲学体系という観念の殿堂がどれだ
け巨大で荘厳なものであっても，私はそこに住むことができない。住む
ことができないのであれば，現に今生きている私にとっては意味が無
い。私が住むことができるのはどこか。ところで，第3章で示されたハ
イデガーの世界内存在における「内」は，根本的には「住む」ことを意
味している（SZ, 54）。こうして「私」が世界に「住む」ということと
関連して，「実存」が問題として浮上するのである。

　キルケゴールはまた次のようにも言う。

　　私にとって真理であるような真理を発見し，私がそれのために生
　き，そして死にたいと思うようなイデー〔＝理念・理想〕を発見す
　ることが必要なのだ。いわゆる客観的真理などをさがしだしてみた
　ところで，それが私に何の役に立つだろう。（「ギーレライエの手
　記」）

78

　キルケゴールが求めたのは，決して世界全体を解き明かす客観的な知や認識ではなく，私にとっての真理，つまり私がこの世界に住み生きることの意味である[11]。「実存」の概念は，ヘーゲルの壮大な真理の学問体系に誰も住めないことに対して，「私」の真理と住む処を欲する立場から現れてきたのである。

　ところで，現象学は，自然科学的な方法が自分の学問の意味源泉としているはずのもの，つまり私たちが現に生き住んでいる世界を覆い隠してしまい，学問自体の意味も喪失しかねない危機に対するものとして現れてきた。

　このように見てみると，実存の哲学と現象学の問題とは私たちがこの世界で生きてそこに住むという点において交差していることにお気づきいただけるであろう。

（3）ヤスパースとマルセル

　ハイデガーの近くにいて，実存の哲学を正面から問題化したのは，精神医学から出発したヤスパース（Karl Jaspers, 1883-1969)[12]である。ヤスパースは，精神医学者としての代表作『精神病理学原論』（1913年）で，フッサールの『論理学研究』に学びつつ独自の解釈で精神病理学に現象学を応用する。彼は，患者が体験するがままの精神状態に感情移入して治療者の心にそれを描き出して了解する，という自分の方法を現象学と呼んでいる。フッサールによってヤスパースは現象学の理解者として高く評価されたが，ヤスパース自身は，フッサールの現象学を哲

---

[11] キルケゴールはキリスト教の立場にあるが，一方で，「神は実存しない」と言い，基本的に「否定神学的色彩」（藤野，p.xii）をもつ。
[12] 精神医学から哲学へと向かった。主著は，『哲学』全三巻，『真理について』など。

学としては必ずしも高く評価してはいなかった。もっぱら『論理学研究』に基づく判断であるが，ヤスパースからすると，フッサールは〈見ること〉については徹底しているものの観察者となってしまっており，そのために実存を見ていないと批判する。こうしたことから，ヤスパースは，後に実存の哲学を展開するに際しては，現象学について，自身で使用していた意味でのそれも含めて，ほとんど触れることはない。しかし，その実存の考え方はハイデガーに大きな影響を与えた。

　もう一人，フランスで戦後の実存主義につながる重要な哲学者として，マルセル（Gabriel Marcel, 1889-1972）の名を挙げなければならない。マルセルはベルクソン哲学を熱心に学びつつもより人間の具体的なあり方に即した思索を行おうとする。1927 年の『形而上学日記』と 35年の『存在と所有』において，経験に問いかける方法で記述を進める（この二著が日付が附された「日記」であることからもそのことがうかがえる）。フッサールの影響を受けているわけではないとされるが，マルセルもまた現象学という言葉を使い，体系的な哲学とは異なる「具体的なものへ」[13] という境位を開き，自分自身の〈現に在ること〉に問いかける形で思索を進めていく。

　今簡単に見たキルケゴール，ヤスパース，マルセルのいずれにおいても，実存に関する哲学は，自分自身のあり方を深く探究することを求めていた。こうした哲学を背景にして，自分自身と自分が現に生きている世界について語るための方法を現象学に見出し，この探究をさらに推し進めて「実存主義」の代表者となったのが，サルトルである。

---

[13] Cf. Wahl, *Vers le concret*.

4. サルトル

（1）現象学との出会い

　まずは，よく知られた場面を見てみよう。1933年，サルトルの現象学との出会いを，サルトルのパートナー，ボーヴォワールがドラマチックに描いた場面である。このとき，サルトルとボーヴォワールは，ベルリンで1年を過ごした社会学者レイモン・アロンとカフェで話している。その時アロンが，手にしたアプリコットのカクテルを例にしてドイツで学んだ現象学についてサルトルに語ったのである。

　　《ほらね，君が現象学者だったらこのカクテルについて語れるんだよ，そしてそれが哲学なんだ！》。サルトルは感動で青ざめた。ほとんど青ざめた，といってよい。それは彼が長いあいだ望んでいたこととぴったりしていた。つまり事物について語ること，彼が触れるままの事物を……そしてそれが哲学であることを彼は望んでいたのである。(Beauvoir, 177/上 125)

　カクテルについて語れたからといって，どれほどの意味があるというのか，と疑念をもたれる向きもあろう。この含意をもう少し掘り下げてみよう。そのためには，サルトルが「長いあいだ望んでいたこと」の性質がどのようなものかを知る必要がある。これが彼の提唱する「実存主義」と関わるからである。

　そもそもサルトルは，若い頃から小説の執筆を目指しており，その役に立つだろうという考えもあって哲学を学んでいる。彼の仕事には，哲学的な著作だけではなく小説『嘔吐』や戯曲『出口なし』などの文学作品も多いのである。

　さて，サルトルは，当時のフランスで主流派だったブランシュヴィック流の観念論的合理主義哲学には馴染めず，ベルクソンの『意識に直接与えられたものについての試論』を好んでいた。伝統的な「観念論と実在論の対立を乗り越えること」（Beauvoir, 177/上 125）を目指していたからである。現象学にただちに反応できる土台はベルクソンによって設えられていたと言える。アロンとの対話によって現象学の意味に気づいたサルトルは，先に紹介したレヴィナス『フッサール現象学の直観理論』を熟読し，33 年から 1 年間，ドイツに滞在して熱心にフッサールを研究する。そうして，現象学を身につけたのち，ベルクソンを現象学の観点から批判することで，自身の考えを確立していくことになる。

　サルトルの著作は，36 年『想像力』（後半部は 40 年『イマジネール』，両著はこれまでの想像力に関わる心理学説を現象学の観点から批判し独自のイメージ論を確立したもの），37 年『自我の超越』，38 年小説『嘔吐』，そして 43 年の大著『存在と無』で哲学的な立場を確立し，45 年の講演記録『実存主義とは何か』（原題は「実存主義はヒューマニズムである」）によって，「実存主義」をフランスのみならず世界的に知らしめることになる。

　ではサルトルは現象学をどのように理解したか。

（2）サルトルが理解した現象学

　サルトルによる現象学探究の初期の成果から，執筆時期が 33-34 年と推定される「フッサールの現象学の根本的理念」（発表は 39 年）を見てみよう。このテクストは，邦訳で 5 頁と短いが，サルトルの独特な志向性理解が示されたインパクトのあるテクストである。特徴的な箇所を引用する。

82

> 認識することは，「〜に向けて自分を炸裂させること」であり，
> じっとりしたお腹の中の親密さからぬけ出て，彼方に，己を越え
> て，己ならぬものの方へ，つまり彼方，樹木のそばへ，しかしその
> 樹木のそとにだが，走って行くことである。(UI, 30/16)

　これは，意識にはそもそも内側がない，ということを言おうとしている。こうした意識のあり方は『存在と無』においては，対自（pour-soi）と呼ばれ，「それがあるところのものであらず，それがあらぬところのものであるような存在」と定義される。つまり，意識が志向性として定義されるということは，意識はつねに自分自身ではない何かである——ただしその何かと同化するわけではなくそのかたわらにある——ということを意味する。この何かの側は，即自（en-soi）と呼ばれ，「それがあるところのものであり，あらぬところのものであらぬような存在」のことである。サルトルの存在論は，即自（物）と対自（意識）との二元論に立って構成されることになる。

　意識を物との関係として捉えるこの志向性の捉え方は，厳密な意味ではフッサールの志向性の考え方とは隔たっているだろう。しかし，このように解釈された意識のあり方は，サルトルが望んでいた「事物について語ること」を可能にする。ざわめく夜の森の怖さや能面の不気味さなどを語ることを可能にするだけではなく，そうした情動が「世界を発見する仕方」(UI, 32/18) であることも教えてくれる。そして，いつも私たちは「路上や街の中で，群衆のさなかで」(UI, 32/19) 自分を発見するという経験，自身の世界内存在としてのあり方をそのままに受け取ることを，この意識の捉え方は可能にする。

　このとき，対象についての意識が同時に自分を意識すること（自己意識）であることはもちろんである。しかしそのありようは，意識されて

いるもの（たとえば樹木）が明晰に意識されればされるほど（樹木のそ
ばにいればいるほど），自己意識は自分自身をむしろ意識することなく，
意識されているもの（樹木）において統一されている。何かに没頭して
我を忘れれば忘れるほど，没頭している当の何かしか意識されていない
（そこにはその何かしかないようにすら思われる）が，没頭状態から抜
け出て振り返ってみると，没頭していたが為に意識されていなかった我
が確かにいたのである。

　ここでさらにサルトルは，フッサールに続いてハイデガーの『存在と
時間』をも読み込み，世界内存在の概念などに依拠しながら，人間の実
存のあり方について考察を進めて行くことになる。これに基づいて戦後
提唱されるのが「実存主義」である。

（3）サルトルにおける実存と本質

　先に見たように，実存という語は，伝統的には本質と対になって考え
られてきた。この本質と現実存在とはどのような関係にあるか。この点
について，ハイデガーの言葉によって理解しておこう。

　　　　形而上学は，プラトン以来，次のように言い述べている。すなわ
　　　ち，エッセンティア〔本質〕はエクシステンティア〔現実存在〕に
　　　先行する，と。(UH, 328/50)

　これは，たとえばプラトンのイデアとデミウルゴス（創造神）の関係
のように，本質が現実存在のいわば設計図としてまず構想されており，
その意味で「先行している」ということである。『旧約聖書』の天地創
造神話で，神が「光あれ」ということによって光が現実に存在するよう

84

になる場合でも同様である[14]。

　サルトルは，このような考え方に対して，人間に関しては他の事物とは異なり両者の関係は逆転しており，「実存は本質に先立つ」[15]（EN, 613/Ⅲ-347）と言う。ここにサルトルの実存主義の根本的な主張である人間の自由の論拠がある。伝統的な製作のイメージからすれば，まず製作者の製作意図があり，次にこの意図にしたがって製品が作られる。これを人間に即して言うならば，製作者である神が人間を作る，ということになり，このことから人間には天命あるいは使命が与えられることになる。しかし，製作者である神がいないとすれば，人間は，誕生のその瞬間には，ただ偶然に，何らの使命も帯びることなく，この世に投げ出されて存在していることになる。この場合，当の人間が何かによって製作されたものではない以上，製作者の意図や目的もないのだから，その人間がそこに存在しなければならない理由もない。その意味で人間は，自分自身以外の誰かの意図や目的によって自分が存在することの意味が規定されることなく「自由」であり，自分のあり方は自分で選ぶことによって自分で創っていくものだ，ということになる。これは，そうでないことはできないという意味では，人間はむしろ自由を強いられているとも言われる。

（4）記述の例：「まなざし」

　サルトルの代表作『存在と無』は，人間の実存というあり方について多くの現象学的記述を含んだ著作である。たとえば，不安や恐怖につい

---

[14] ハイデガーは，このような本質と現実存在の関係を，たとえば職人と職人が作り出す製品との関係，つまり「製作」を模範とした関係として捉え，西洋形而上学の根本には，存在するものを製作されたものと捉える発想があると批判する。
[15] ハイデガーは，これは前注で述べた伝統的な関係を逆にしただけであり，依然として形而上学の枠組みのなかに留まっていると批判する（cf., UH, 328/51）。

て述べる箇所での〈断崖を歩くこと〉についての記述から無の可能性を引き出したり（EN, 64/Ⅰ-132），ネバネバしたものに触れるという経験を通して，即自と対自の転換，あるいは世界と私との融合の可能性を記述して，サルトルが堅持していた即自と対自の二元論を越える可能性を示したり（EN, 646/Ⅲ-424 以下），というように，具体的な経験の記述から引き出される考察の奥行は深い。

　そのなかでもよく知られている代表的なものとして，他者との関係を「まなざし」によって解明する箇所を最後に紹介しておこう（EN, 292/Ⅱ-92 以下）[16]。

　「地獄とは他人のことだ」という戯曲『出口なし』の台詞があるように，サルトルにとって他者との関係は「相剋」として現れる。

　これは，サルトルの存在論が即自と対自の二元論によって構成されていることとも関連する。この場合，他者は，他の対自であるはずだが，たとえばカフェから道行く人を眺めているときなどは，他者は対象として，物と同様に即自的に現れていることになる。そのとき私は私についての自己意識を明確にはもたない。さて，私はコーヒーとケーキの乗ったトレイをひっくり返してしまい，他の客たちから見つめられる，つまりまなざしを向けられる状態になり，恥ずかしさを感じる。突然，私は〈見つめられる私〉になり，私自身が他者にとっての即自となる一方で私は私自身を意識することになる。これは誰にも見られていない場合であっても，見えないまなざしを感じることによって，同様の事態が生じる。他者は対自を構成するために必要な条件なのである（cf., EN, 132/I-284）。

---

[16] サルトルは，「鍵穴を覗く」例を挙げているが，今，覗ける鍵穴はほとんどないので，例を変えてみた。ただし，鍵穴の例とトレイをひっくり返すこととのあいだには，倫理性の問題の有無があり，必ずしも互換性があるとは言えない。

　以上見てきたように，サルトルの現象学は，独自に解釈された方法論であったという点では，フランスにおけるその後の現象学の受容にある程度の偏差を与えてしまったとは言える。他方で，現象学に根ざした人間的現実を捉える実存主義の哲学によって，豊かな成果をもたらしたのである。

6 | メルロ=ポンティの現象学(1)
：ゲシュタルトと知覚

本郷 均

《**目標＆ポイント**》 本章では，まず，デカルト以来の「心身問題」の要点を理解する。続いて，メルロ=ポンティの現象学において「ゲシュタルト」のもつ意義を理解することを通じて，知覚と身体との関係を理解する。
《**キーワード**》 デカルト，心身問題，ゲシュタルト，知覚

1. はじめに

　メルロ=ポンティは，フランスに現象学を根づかせたと言ってよい。基本的な視座は「身体」と「知覚」に置かれ，そのうえで「言語」や「歴史」，「存在」が問われていく。

　メルロ=ポンティは，初期の『行動の構造』（1942 年）と『知覚の現象学』（1945 年）で現象学の一つの可能性を開いた。1945 年にサルトルたちと創刊した雑誌『現代（レ・タン・モデルヌ）』では，第二次世界大戦後の政治状況のなかで，さまざまな時局的な発言を行う[1]。1949 年，リヨン大学からソルボンヌ大学に移り，1952 年には，フランスで学問の世界の最高峰とされるコレージュ・ド・フランスに当時としては史上最年少の 44 歳で就任する。56 年度の「自然」に関する講義の頃から，自身の哲学を現象学に足場を置いた存在論のほうへと向けていく。ここには根本的な変化があったというわけではない。『知覚の現象学』においても，現象学は「存在の意識への現れを研究する」（PP, 74/1-117）と述べられて

---

[1] 本章では，メルロ=ポンティの政治的な側面については割愛する。

おり，探究の軸足が存在のほうへと移動したと考えることができる。59年頃から『見えるものと見えないもの』としてまとまるはずだった書物の計画が進められるが，61年急逝（53歳），そのとば口に立ったところで断ち切られた。

2. 心身問題

（1）心身問題

　メルロ＝ポンティが公刊した最初の著作『行動の構造』は「われわれの目的は，意識と自然（略）との関係を理解することである」という一文から始まっている。これは心身問題をどのように考え直し乗り越えるかという問題設定に集約されうる。

　問題の場となる「心身問題」は，特にデカルト以来取り上げられるようになった難問の一つである。

　心身問題とは，心（魂，精神）と身体の関係はどのようになっているか，という問いである。ヨーロッパの言語では多くの場合，「身体」にあたる語は「物体」をも意味する[2]。してみれば，人間の身体に心があるとすれば，たとえば，石ころに心はあるのか，という問いを引き起こすことになる。一般的・科学的な観点からすれば，石ころに心は無い，となるであろう。では，なぜ人間の身体＝物体には心があるのか。さらに踏み込んで考えれば，そもそも心と身体とを〈相互に相容れない異質なもの〉と考えて二分割してよいのかという問題もここには潜んでい

---

[2] たとえば英語では body，フランス語は corps，ドイツ語は Körper。また，フランス語とドイツ語の語源であるラテン語 corpus では，「組織体，統一体」「全集」の意味もあり，これを英語読みにしてコーパスと言えば「言語資料体」の意味になる，というように，なんらかの統一性をもつものを示している。なお，英語では flesh，フランス語では chair，ドイツ語では Leib という身体を意味する別の語がある。これについては次章で述べる。

る。このような二分法の代表者とされるのがデカルトである。デカルト
は，『方法序説』（1637年），また『省察』（1641年）において心身二元
論を主張する。このような主張をするに至る考え方をまず確認しておこ
う。

（2）デカルト

　デカルトが求めたのは，確実な学問を打ち立てるための根拠として堅
固で確実な第一原理である。そして，「我思う，ゆえに我あり（cogito,
ergo sum）」（『方法序説』第四部）がその根拠だと主張するに至る。こ
の根拠に辿り着くまでのプロセスは「方法的懐疑」と呼ばれ，少しでも
疑うことができるものは，確実さという観点から信頼できないものとさ
れ，排除されるのである（これはフッサールの現象学的還元に通じる手
続きである）。以下，このプロセスを『省察』に即して簡単に見ておこ
う。

　まず最初に排除されるのは，これまでに直接間接に感覚から受け取っ
たものである。ここには人づてに学んだ知識も含まれる。これは，感覚
は錯覚を起こすことがあるからという理由に基づく。

　次に，今・ここで私がペンを握っていると感じていることやそれを感
じている身体全体が私のものだ，ということについてはどうか。これ
は，〈間違いなく現実だ〉と言えるほどにリアルな夢を見ているのだ，
と疑うことができる。よって，今感じている（と思っている）現実も自
分の身体も，実は無いと想定することができる，として排除されるので
ある。そうは言っても，たとえば形（三角，四角など）や大きさ，数，
場所，時間などは，現実であれ夢の中であれ変わらないのだから，こう
したものを扱う代数や幾何などは普遍的なものとしてよいのではないだ
ろうか。デカルトはここで突拍子もない想定をして，これまた排除す
る。有能で狡猾な悪い霊がいて，私が何かを考えるそのつど，たとえ

ば，2＋3という計算をするたびに，私をだましているとしたらどうか
と考えるのである（誇張懐疑と言われる）。こうしてみると，何を考え
ようが疑うことができるのだから，そこに確実なものは何もないことに
なる。しかし，と，ここでデカルトは反転し，考えられていることにつ
いては確実さを疑えるから排除できる，だが今こうして疑っている，つ
まり考えている私が存在しているということは確かだし，さらに悪い霊
が私をだましているならば，いよいよだまされている私は確かに存在し
ていることになる，と言う。こうして，「私はある」という命題は精神
によって捉えられるたびごとに必然的に真である，と主張するのであ
る。これが，『方法序説』の「我思う，ゆえに我あり」という命題であ
る。

（3） デカルトの帰結　身心の区別か合一か

　お気づきのように，確実さが確保されたのは，「精神によって捉えら
れ」ている限りにおいてであり，身体は第二段階で排除されたままであ
るから，身体は無いことになっている。デカルトはこの後，神の存在証
明を経て，排除していたものを，それぞれの確実さの程度を確認しなが
ら復権させていく。その過程で身体も復権されることになるが，そこで
は，〈精神と身体とが合一したものとしての私〉も認められるとはいえ，
依然精神としての〈私〉と〈私の身体〉とは分かたれており，〈私〉は
「身体なしに存在する」（「第六省察」）と言われるのである。

　それならば，どうして精神（心）と身体は合一できるのか。

　オランダ・ハーグに亡命して暮らしていたボヘミアのエリザベト王女
は『省察』を読んで感銘を受け，デカルトを宮廷に招いて直接教えを受
けた。その後も文通を続け，そのなかで身体とは共通性のない精神が身
体に強く支配されるのはなぜか，と問う。デカルトはこれに答えて，ま

ず，精神，身体，そして精神と身体との合一，という三種類の観念を区別する。そのうえで，精神は純粋知性のみが理解し，身体は純粋知性だけでなく「想像力によって助けられた知性」によってよく理解され，精神と身体との合一については，純粋知性によっても想像力によって助けられた知性によっても理解されず，感覚によって，「生と日常の交わりだけを用い」ることで理解される，とする。そして心身の区別と合一という矛盾を同時に，また判明に理解することは人間精神にはできない，と述べるのである[3]。デカルトは，学問の水準と日常生活の水準とを峻別しているわけである。

　日常的には心身合一であるが学問的には心身分離だ，というこの事態は，すんなり納得できるものではない。デカルトの生前からこれについてはさまざまに議論された哲学上の難問であるが，メルロ=ポンティは，デカルトが感覚によってのみわかるとした日常的なあり方から始める。

3. メルロ=ポンティの出発点　ゲシュタルト心理学

　この水準を問題化するためにメルロ=ポンティが摑んだ導きの糸は，まずは「ゲシュタルト心理学」であり，ゲシュタルト心理学にも影響を与えている「現象学」であった。晩年に至るまで，ゲシュタルトの概念はたびたび参照されており，これがメルロ=ポンティ哲学の有力な発想源の一つである。

　現象学が現れをテーマとしていることはすでに第1章でも述べられているが，この現れは，どのように現れるのだろうか。この問題とゲシュタルト心理学が深く関わってくる。

---

[3] 『デカルト＝エリザベト往復書簡』3と4の手紙を参照。ちなみに，これもエリザベトの質問を機縁として執筆される『情念論』においては，心身合一について有名な「松果腺仮説」によって説明を行っている。

（1）ゲシュタルト[4]

　従来，心理現象を捉えるに際しては，要素主義，つまり部分を足し合わせて心理現象全体を説明しようとする方法が一般的であった。この場合，部分の意味や価値がまず最初に与えられていることになる。「パブロフの犬」のような〈刺戟と反応〉の関係が典型的である。これに対してゲシュタルト心理学は，心理現象においては〈部分の総和〉と〈全体〉とは異なると考える。

　よく知られた「ルビンの壺」（Rubin, Abb3）という画像がある（下図）。左右の黒い領域を〈向かい合う人の顔〉として見ると中央の〈とがった部分〉は鼻になるが，白い領域を〈壺〉として見ると，さきほど鼻だった箇所が，逆に〈細いくびれ〉になる。そして，顔を見るとき，白い領域は特に意味をもたない背景（地という）となり，黒い領域は「向かい合った顔」という意味をもつ（図という）。逆もまたしかり（黒地の上に白い壺という図が浮かび上がっている）。とすれば，真ん中の部分だけを取り出して，これは

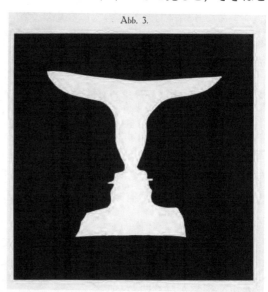

図6-1　ルビンの壺

---

[4] ドイツ語の Gestalt で，「姿」「形態」といった訳語があてられるが，ニュアンスが異なるように思われるので，本書では，ゲシュタルトとしておく。

鼻かくびれかと問われても，顔と見るか壺と見るかがまず決まらないと，その部分単独では意味を決めることができない。つまり，部分は全体のなかで割り当てられて初めて意味をもつのである。

　実は，この説明の仕方はまだ要素主義的なアプローチでの説明になってしまっている。私たちは，（たとえば）顔という全体をまずは見て取ってしまっているのであって，〈頭頂部〉〈額〉〈鼻梁〉〈口〉〈顎〉〈首〉といった各部分を認識したうえで総合しているのではない。もしそうであれば，目がないから顔ではない，とか，位置からいって耳がないのはおかしいなどと言われてもよいはずだが，〈本当は目も耳もあるけれど省略されて描かれていない絵〉として見ている。全体をまずは〈顔〉として見ることと，各部分が鼻とか口という〈意味〉をもつこととが，一挙に生じているのである。もちろん，壺を見るときにも，壺の各部分について同じことが生じるが，その時には，顔を見ていたときの各部分の意味は，完全に消失する。壺と同時に顔を見ることはできない。

　ゲシュタルトのもう一つ重要な性質を挙げておこう。この図からは離れて，今度はあるメロディを思い浮かべていただきたい。そのメロディは，移調されても，つまり音程と音価（一音の長さ）が変わらなければ，音名が変わっても〈同じメロディ〉として認識される（さらに言えば，そのメロディがフルートで演奏されてもヴァイオリンで演奏されても同じ曲である）が，音程や音価が変わってしまうと別の曲になる。このように，ゲシュタルトの特性として，諸部分相互の関係が変化しなければ，全体が別の相に移っても同じ意味をもつものと認識されるのである。

　この二つの事例いずれもが，ある全体のまとまり方[5]がまず初めに

---

[5] このまとまり方にも「近接」，「類同」などいくつかある。詳しくはコフカ『ゲ

あって成立する事態である。全体がもつこのようなまとまり方のことを
ゲシュタルトというのである。

　ゲシュタルトは，第1章第1節（2）で確認されている意味が方向で
もあること[6]を示す現象である。というのも，全体のもつまとまりと
は，そこで現れてくるものと私たちが何を目指して，何のために関わる
かという私たちの在り方，言い換えると世界のなかでの方向性の取り方
とのあいだで，そのつど異なるまとまりを取るからである。

　たとえば，あなたが授業に参加しているとしよう。授業時間中に黒板
を見ているときには，黒板に描かれた文字やグラフなどが意味のあるも
の（図）として現れ，薄く残っている前の時間の消し残しは黒板の版面
とほぼ同化して地となり，意味をもたない。これはあなたが，授業を聞
くという姿勢でもって黒板と向き合っているからである。

　さて，授業が終わり，掃除当番であるあなたは，黒板をきれいにしな
ければならない。このときには，文字やグラフも前の時間の薄い消し残
しも，同じように〈きれいにすべきもの〉という意味をもつものとして
現れてくる。物理的には同じ黒板に向き合っているのに，黒板と関わる
方向性が異なるのに応じて，黒板という全体のまとまり方も異なり，黒
板の意味も異なったものとして現れてくるのである。

　これも第3章第2節（3）で述べられているように，〈授業を聞く〉あ
るいは〈黒板を掃除する〉という目的によって定められた方向性の違い
が，黒板の全体としてのまとまり方（何を図とし何を地とするか），す
なわち黒板の意味の違いと相関しているのである。

シュタルト心理学の原理』等を参看されたい。
[6] サンス（sens）というフランス語の意味は，英語の sense，ドイツ語の Sinn と同
　じく多様で，意味，方向，さらに感覚，ものの見方や意見といった意味もある。
　この点で，日本語とは語感が異なるので注意が必要である。

（2）地の上の図

　では，メルロ=ポンティはこのゲシュタルトをどのように理解しているのだろうか。

　　　「ゲシュタルト」の根柢にあるのは，意義^{シニフィカシオン}という観念ではなく構造という観念であり，観念と現実存在の識別できない合流であり，それによって素材がわれわれの前で意味^{サンス}をもち始めるところの偶然的な配列であり，生まれつつある理解可能性である。（SC, 223/307）

　ここから読み取れることは，まず，（a）ゲシュタルトの全体性をなす構造は，〈観念すなわち意識〉と〈現実存在〉とが区別できない状態で成り立っているということ，そして，（b）私たちが意味を構成するのでも捉えるのでもなく，現実存在である素材のほうが「偶然的な配列」を通して意味をもち始め，私たちに現れるのであるということ，最後に，（c）その意味は，上に見たゲシュタルトの考え方からして，まずは「あ，大福だ」とか「ショートケーキだ」というように全体として（厳密に言えば，そのように言葉にするより前に意味として）現れ，理解されているということ，この3点である。

　（a）が示しているのは，「意識と自然との関係を理解する」という課題に対して，従来のような〈意識と自然の分離〉とは逆に，両者を明確には区別できないという事態がゲシュタルトにおいて見出される，ということである。

　ちなみに，この点では先ほどの絵の例は不十分である。そこには〈顔〉か〈壺〉かの二者択一しかないため，相互に排他的なものとなっていた。しかし，ここで「両者を区別できない」ということで言おうと

96

していることは，意識と自然とを二つの極として想定しつつも，実際にはその意識と自然とのあいだのあり方をしている，ということである。メルロ゠ポンティは，このようなあり方を「両義性」と呼び，人間と世界の根本的なあり方として捉える[7]。

　さて，（b）で言おうとしているのは，ゲシュタルトで起こっていることが，決して意識が主観として対象を構成することによってではなく，むしろ（この図式から言えば）対象の側から意味が発生してくる，ということである。

　ここで理解すべきは，意味を意識（主観）が構成するのでないならば，対象（客観）から生じるしかない，といった二者択一が考えられているのではなく，ここには両義的な事態があるということである。意識ではなく，知覚が問題の場となる理由がここにある。また，「対象の側から」という言い方をするしかないというところには，私たちの言語の構造的な制約がある（この点については，第8章で詳述する）。

　最後に（c）から導き出せるのは，〈理解可能性として生まれつつある状態にあるもの〉は，「知性的意識」——すでにさまざまな意義を理解して装備している意識——に対して現れ出るのではなく，「知覚的経験」（SC, 227/312）において現れ出る，ということである。よって，ここでも焦点となるのは，知覚である。そして，知覚という問題の領域においては，出発点にあった〈意識と自然の関係〉への問いは，ゲシュタルトの概念を経由することによって，「われわれならびに世界におい

---

[7] 「両義的 ambigu，両義性 ambiguïté」は，メルロ゠ポンティの哲学の基本的な性格を示す語である。通常は「曖昧な」という意味だが，メルロ゠ポンティはこれを人間および人間が関わる世界の根本的なあり方として捉えている。「両義的」と訳されるのは，従来の哲学（あるいは私たちが一般にしがちな考え方）の有している（善か悪かのような）二者択一の傾向を踏まえ，その二項を両極とするそのあいだのあり方（その〈あいだ〉を適切に指し示す言葉はないことが多い）を指す。

て意味と無意味との関係はいかなるものか」（PP, 490/2-333）という形で問い直されることになる。

4．知覚と身体

（1）知覚

　知覚は，一般的には〈五感や運動感覚などから入力される情報に基づいて総合的に周囲や対象について知ること〉である。この考え方では，個々の感覚，すなわち部分が原初的なものであることになる。これに対して，メルロ=ポンティは知覚の対象はゲシュタルトであるという（cf., SC, 156/215）。私たちはその現れが何であるか（ショートケーキ）がまずはわかる（知覚する）という点で，ゲシュタルト的な全体性を捉えているのであり，諸感覚はこの全体が捉えられたあとから析出されるのである。これはもちろん，感官があり感覚があることを否定しているのではない。この世界に住んでいる私たちにとっての事柄の順序としては，まずは現れているものが何であるかがわかること[8]，ここから日常的なさまざまなことがらが生起しているのであるから，ここに定位して始めよう，ということである。

　まず，いろいろなものが私に向かって現れてくる。こちらに向かってくるものが自転車であること，道の反対側を走っていて離れており，こちらの身に危険は迫っていないことなど，その現れの意味は，私との関係のなかで理解され，場合によって，私は身構えることにもなるだろう。あるいは路傍の石は静止しており，ほとんど危険は無い，というわけであまり明瞭には現れてこない。しかし，坂道でもないのになぜかこちらの方に向かって転がってきたりすれば，他の何よりも危険なものと

---

[8] ここには〈何だかわからないもの・得体の知れないもの〉であることがわかることも含まれる。

いう意味をもって現れ，私たちはその意味が示している安全な方向へと回避行動をとるだろう。

　また，誰かが夜中に飲み屋街でフラフラと千鳥足で歩いてくる，あるいは朝の通勤路でスタスタと急いで歩いていくという行動を知覚してそれに対応しようとするとき，その他者の行動は，酔った人，急いでいる人，という意味が現れており，私たちはそれを分析する前にまず理解している。さらに，その理解にもやはり他者との距離の理解も含まれており，こちらの身に危険が迫っているのか，それとも単に傍観していて問題ないのかも，理解されている。

　こうしてみると，物も他者も，私たちにとってはまず行動[9]として現れていることがわかる。

　このように知覚は，私と世界とのインターフェースであり，私に与えられているものとじかに接することを可能にしているのである[10]。

　では，知覚において，ゲシュタルトはどのように捉えられるのか。『知覚の現象学』の最初のほうで，知覚がまず，「関係に関わるものであり，独立した項に関わるものではない」(PP, 9/1-30) ことが指摘される。知覚が関わるのは全体的な布置である。たとえば，「テーブル」，「マグカップ」，「ノートパソコン」等々の個々の項（部分）にまず最初に関わるのではなく，ノートパソコンの横にマグカップがあり，どちらもテーブルの上に置かれている，またテーブルの上には窓から差してくる陽光がポットの影を作り，窓外の木々の影がテーブルの上でたゆた

---

[9] 「行動」という語は，意志に基づく運動について使われることが多いが，メルロ=ポンティの場合，その現れ方が問題となるので，そこでは物でも人間でも基本的な違いはない。

[10] メルロ=ポンティの用語法には，誤解されやすいものが多い。「知覚」と言われたとき，感覚との関係で考えるのは当然で，あまり意味の現れとしては考えないだろう。メルロ=ポンティ自身の狙いとしては，あくまでも通常の言葉を使いながら，その自明と思われている内容を換骨奪胎して意味を与え直すことにある。

い，近所で吠えている犬の声が響き，やや肌寒い……。こうしたことが
満ちているなかで今，あなたはこの教科書を読んでいる……。こうした
全体的な布置という地の上に，読書の妨げになる犬の吠え声が気になっ
たり，テーブル上の影のゆらぎが気になったりして，個々の項が図とし
て浮かび上がるのである。他者に関しても同様である。先の例で言え
ば，「夜中」「飲み屋街」や「朝」「通勤路」という時と場所を含めた全
体的な布置（地）において現れてくる他者の行動（図）を私たちは知覚
する。他者の行動もやはり諸関係からなるゲシュタルトとして知覚され
ているのである（cf., SC, 138/191）。このように，「〈地の上の図〉はわ
れわれが有する最も単純な感じることのできる所与」であり，これこそ
「知覚の定義そのもの」（PP, 10/1-30）なのである。

　また次のようなこともある。マグカップが置いてあると，その下の
テーブルは部分的に隠れてしまう。けれども，私たちは，テーブルがそ
の下でももちろん繋がっていると思っている。その部分を感覚していな
いのに，どうして繋がっていると思うのだろうか。ここで私たちは，感
覚としては与えられていないものも捉えている。してみれば，「どの部
分もそれが含んでいる以上のものを告知して」（PP, 9/1-30）いるのだ
から，部分を足し合わせれば全体が構成できる，ということにはならな
い。こうして，知覚するとは，「諸々の与えられたものの布置から内在
的な意味が湧き出るのを見ること」（PP, 30/1-59）を意味することにな
る。そのようにして「われわれに現実存在を認識させる作用」（SC,
240/333, 強調は引用者）である知覚，「何ものかが私に現れる」（PP,
458/2-290, 強調は引用者）という根源的な事態は，フッサールが言う
「本質直観」の土台ともなる（cf., P2 88/49）。メルロ=ポンティは，フッ
サールの本質直観を可能にする知覚の働きをゲシュタルトに見たのであ
る。

　知覚は私と世界とのインターフェースであるから，私が「世界に対する私の観点」（PP, 85/1-131）をもつということも意味している。その観点はどこか宙に浮いているわけでも，まして神の観点であるわけでもなく，〈私の観点〉である。〈私の観点〉とは，世界のなかでのさまざまな現れを集約し，私の行動の起点ともなる「極」（PP, 117/1-176），すなわち〈私の身体〉である。

（2）身体

　メルロ=ポンティの身体について，詳細は次章で扱う。ここでは導入として，問題となる身体のあり方についてあらかじめ明確にしておこう。

　「身体」という言葉を耳にするとき私たちが思い浮かべるのは，まずは医学的な身体解剖図や人体模型ではなかろうか。また，タンパク質やカルシウムや脂肪，あるいは DNA といった身体を構成する物質的な要素なども思い浮かぶ。そこにあるのは，どの人間にも当てはまる一般的な物体である身体のイメージである。この身体は，まず何よりも観察される対象として現れており，自ら動くものとしては捉えられていない。

　では，日常的な行動をとっているとき，物体としての身体が意識されているだろうか。食事の時には，目の前の美味しそうな（あるいはカロリーの高そうな）食べ物と相対しており，それを口に運んでいる手の動き（箸の上げ下げや使い方，お椀の持ち方など）については全く気にも留めない。私たちは，直接，食べ物と向き合っている。このとき，私にとって私の身体は地になっており，この地の上に，食べ物や食事をする行動が図として浮かび上がっている。

　ところが，とても持ちにくい箸で食べなければならなくなると，箸の持ち方，つまり箸と自分の指とをどう関係させたら良いかについて考え

ざるを得なくなり，食事をじっくり楽しめない。指や手にケガをしてしまって，私の身体が食事を楽しむ妨げとなってしまう場合すらある。このときには，私の身体（指）が図となって肝心の食事は地となってしまっている。これは，たとえばアスリートや音楽の演奏家などが，どれだけ鍛えても超えられない障壁のようなものとして自分の身体の限界を感じるときにも生じている事態であろう。

こうした例からわかることは，習慣的な行動をしているときには自分の身体は地になって気にされないし，気にするとかえってうまく事が運ばない。けれども，慣れによっては事が運ばず，身体の使い方を立て直す（利き手をケガしてしまったときや新しい道具に慣れるような）必要に迫られた場合，私の身体は図として現れてくる，ということである。

通常の場面でまず現れてくるのは，関わろうとしている物や他の人であり，そのとき身体は地となって作動するので，なかば透明になっており気づかれない。メルロ=ポンティは，デカルトが「我思う，ゆえに我あり」に至る方法的懐疑の過程で，〈身体がないと想定しても，我思う〔コギト〕は成立する〉としたときに，実はこのなかば透明な身体のあり方を極端に推し進めたことによって可能だったのであり，このような身体によって下支えされることで，純粋な「我思う〔コギト〕」が可能だったのだと指摘する。私たちは，大福やショートケーキと直接向き合い関わっているのであって，あいだに身体が介在していることなどほとんど気にかけない。私たちにとって自分の身体は，まずは物や他の人と関わる志向性のなかで気づかれないまま作動している身体なのである。この透明なものを敢えて見ようとする困難がここにはある。

この二つの身体のあり方は，もちろん，日常的にはその両極のあいだに，そのつどの私の身体のあり方とのバランスの上にあり，その意味ではそのどちらでもあり，どちらかだけではない。身体の特徴は両義性に

ある。

　メルロ=ポンティはこの身体の二つの面を，一方の医学的に捉えることができる身体，あるいは思うように動いてくれずいわば邪魔なもの，自分に対して図として現れてくるときの身体，つまり対象となる身体を「客観的身体」と呼び，他方の表立つことなくなかば透明になり現に作動している地としての身体を「現象的身体」（PP, 123/1-184）と呼ぶ（現象的身体は，さらに習慣的身体と現実に作用する身体という二相から成る）。メルロ=ポンティが問題とするのは，後者の現象的身体についてである。次章では，この身体について考えよう。

7 | メルロ=ポンティの現象学(2)：身体

| 本郷 均

《**目標＆ポイント**》 本章では，まずメルロ=ポンティ『知覚の現象学』における「身体」の意味を理解する。続いて，メルロ=ポンティのその後の「身体」の考え方の変遷について理解を進めることを目標とする。
《**キーワード**》 現象的身体，（私の）身体，身体図式，肉，交叉配列（キアスム）

1. 『知覚の現象学』における身体

　前章では，メルロ=ポンティがゲシュタルトの概念と知覚の問題から身体を主題として取り上げるに至る経緯を確認した。その際に問題の場となるのは「現象的身体」である。現象的身体は，現に作動しており自明でなかば透明な水準にあるため，これを見えるようにするために現象学的還元が必要となる。その手がかりとしてメルロ=ポンティは二つの例を取り上げる。「幻影肢」と「シュナイダー症例」と呼ばれる事例である。

（1）幻影肢と習慣的身体

　幻影肢は，「事故や外科手術で突然四肢を失った場合，喪失した四肢がまだ実在するようにありありと感ずる現象」（平凡社「世界大百科事典」）である（失われた四肢に痛みを感じることもあり，これは幻肢痛と言われる）。治療に関しては，生理学的，心理学的に幾つかの方法が示されてはいるが，この現象自体が十分に解明されているとは言えない

状況にある[1]。幻影肢は生理学的には
うまく説明のつかない現象であり，か
といって，私が十分に納得して自分自
身の四肢を失ったことを受け入れれば
消滅する，というわけではないため，
単なる心の問題とも言えないのであ
る。

図7-1　幻肢痛

　つまり，ここで生じている事態は，
物体としての身体の観点からも，心の
観点からも，理解できないことにな
る。メルロ＝ポンティはこの現象を理
解するためには，問題となる身体が単なる物体ではなく，「〈世界に於いて／へとあること〉[2]の媒体である」（PP, 97/1-147）ことを確認する必要がある，と考える。

　〈世界に於いて〉は，この身体がすでにつねにこの世界に住み，世界と慣れ親しんでいることを意味している。他方で，私たちは日常的にさ

---

[1] 幻影肢（幻像肢，幻肢ともいう）に関しては，ラマチャンドラン『脳のなかの幽霊』に豊富な記述と対処法などが書かれている。

[2] 〈世界に於いて／へとあること l'être au monde〉とはこなれない訳であるが，ハイデガーやサルトルの「世界内存在」をメルロ＝ポンティ流に捉えたものである。サルトルは，ハイデガーの In-der-Welt-Sein を l'être dans le monde と訳す。フランス語の dans は，英語・ドイツ語の in と同義である。メルロ＝ポンティは，これを à で訳出する（au はフランス語特有の縮約形で，前置詞 à と冠詞 le が一緒になって au という語になっている）。à は多義的な前置詞だが，特にこれから向かう方向を示す「〜へ」の意味と同時に，すでに居るところを示す「〜に於ける」という意味をもつ。メルロ＝ポンティは，この両方の意味を示すために，この表現を選ぶ。これは同時にメルロ＝ポンティが私たちと世界との関係を知覚と行動という絡み合っており切り離せない二つの側面から捉えていることを表現するものでもある。

まざまな形で〈世界へと〉関わり行動する。こちらのあり方も身体によって可能となっている。新しい道具の使い方を覚えることも含めて,新たな習慣を身につけてこの世界に住み直すこともまたこの身体があってはじめて可能である。

〈世界に於いてある〉あり方とは習慣的なあり方であり,これは私たちに染みついた身体の使い方によって支えられており,ほとんど意識されることがない。このような行動を担っているのが現象的身体の「習慣的身体」の相である。

習慣的身体は,もちろん一気に形成され固定されるものではない。出生以来,たえず自己の身体や身体の一部と化した道具を世界に於いて使い,世界との関わりのなかで調整を続けて形成されていく。ある程度使い方に習熟するにつれてそれが沈澱し[3],重みと惰性をもつようにもなる（妙な癖がなかなか直らないように）。

身体のさまざまな使い方を統一的にとりまとめているものを特に「身体図式」[4]と呼ぶ。これは,さしあたり,世界に於いてある時に〈手足など,各部位のそのつどの位置や態勢などが,特に考えなくてもわかるようにしているもの〉とされている。また,高いところの物を取る時におのずとバランスがとられるように,世界へと向かおうとするときの態勢をおのずと整えさせてくれるものでもある。

身体図式は,「私」が,手と足のバランスを考えることなく世界と関わることを可能にしているという点で,「私」以前の先人称的なものであり,「私」以上に世界との付き合い方を知っているものである。その

---

[3] フッサールの概念。
[4] 身体図式については,フランスの医師ボニエ（1861-1918）以来,さまざまな考え方が示されているが,メルロ=ポンティは,ヘッドとホームズ,およびシルダー『身体図式』を主に参照している。なお,田中「運動学習におけるコツと身体図式の機能」は,メルロ=ポンティの身体図式論との関係で重要な論文である。

意味で，「身体図式とは『私の身体』が〈世界に於いて／へとあること〉を表現する一つの仕方である」[5]（PP, 117/1-176）とも言うことができる。慣れ親しんだ世界は私にさまざまな習慣的志向を呼び覚ます。たとえばマグカップを「手で扱うべきものとして呈示」（PP, 97/1-148）する。このとき身体は，このような現れ方に慣れ親しんだ対応の仕方を呼び覚まされる。私が世界に慣れ親しむということは，さまざまなもののそれぞれの現れ方と，それに応じた対応の仕方に習熟するということである。世界が一つのまとまりをもった世界として統一されていることと，身体が一つの（私の）身体として統一されていることとは，身体図式によって媒介されて表裏一体となっているのである。

　身体図式と現象学的身体という観点から見ると，幻影肢は，慣れ親しんだ世界のほうからすでに失われた四肢が呼び覚まされ，現実に作用する身体ではなく習慣的身体が応答しようと作動するために現れるのだ，ということになる。患者の身体図式が従前のままで更新されていないのである。幻影肢という現象は，物体としての身体と心という両極のあいだで，半ば透明な現象的身体が気づかれないまま作動していることを示しているのである。

（2）シュナイダー症例と習慣的身体

　次に，シュナイダー症例を見てみよう。シュナイダーは，戦争での負傷により高次脳機能障害を被り失認の状態[6]にある患者である。心理学者ゲルプと神経生理学者ゴルトシュタインが取り上げて知られるように

[5] 私が完全にコントロールできるわけではない先人称的な水準も含めて「私の」と言われているということに注意する必要がある。「私」は私にとって完全に所有され，あるいは明らかになるものではない。フロイトのエスと自我との関係を想起させるところがあるが，ここでは踏み込まない。
[6] 感覚機能は正常なのに，対象が何であるかがわからない状態。

なった。メルロ=ポンティは，この二人の研究に依拠しながら，『行動の構造』と『知覚の現象学』において自身の考察を進めている。

シュナイダーの状態を，まず物との関わりについて見てみよう。彼に万年筆をクリップの部分が見えない向きにして見せる。すると，〈その色は黒，形状は棒のようだ，ということは何かの器具だ，光が反射している……〉と認知が進んだところで，クリップを見せる。今度は，〈これは鉛筆かペン軸か，何かを書くために上着のポケットに入れておくものだ〉，よって「これは万年筆だ」，という結論に至るのだという（cf, PP, 152/1-221，しかし万年筆だという結論は，それが字を書く道具だという意味とは直結しない）。そのつど，言葉を差し挟み部分から組み立てていく推論によって認知を構成していくのである[7]。私たちがショートケーキを一目で見て取る場合と比較してみれば，その違いは明らかだろう。

自分の身体に対しても，次のようなことが起こる。彼は，蚊に食われた箇所を掻くような行動については難なく行うことができる。ところが，今掻いたところを指し示すことを求められても，示すことができない。あるいは目を閉じて身体を触られても，どこを触られているかを言うことができない。つまり，自分の身体を，客観的に空間のなかに置かれたものとして位置づけることができず，自身の身体そのものを客観的に捉えることもできない。

また単なる散歩に出ることはできず，目的があって出かけるときには達成できるが，その場合でも，途中にある知り合いの家には気づかないままである。彼にとっては，行動も部分に分割され，知的に足し合わされて総合されることによってはじめて可能になるため，目的に必要でな

---

[7] しかし，シャレや比喩は理解しない。彼にとって言葉は字義通りのものでしかなく，含意や二重の意味を読み取ることはできない。

いものは組み込まれないのである。

　シュナイダーにおいては，自己の身体を意識せずに行われる動きを可能にする習慣的身体，世界に於いてあるときに働いている身体図式は保持されている。しかし，目的がなく，単に手を挙げるという抽象的な動きや自己の身体を客観的に捉えるといったことができない。傷ついているのは知的な能力ではなく，全体をゲシュタルトとして捉える能力，つまり知能の「実存的な基底」（PP, 156/1-227）なのである。この基底の欠損のために，習慣的身体を作動させることには何の問題もないが，それに基づいて，新しい習慣を体得して身体図式を更新したり，まだ行われていない可能的な行動を思い描くこともフィクションのなかで遊ぶことも，さらには世界のなかでの自分の位置を考えたりすることも，できないのである。

（3）物の現れと身体

　こうして，幻影肢の現象からは，身体が世界に於いてあり世界と馴染むことで身体図式が形成されてきたことが，またシュナイダー症例からは，身体図式が世界へと関わろうとする際にも働いていることが，明らかになる。

　以上のことから，次のように言うことができる。私とは，私以前の習慣的身体すなわち先人称的な身体によって「自分の世界をもつ」（PP, 162/1-233）〈私の身体〉である。知覚は，私ではなく，「私の下の別の一個の主体」（PP, 294/2-75）が行っている。こうして，意識も身体と関係づけられて，世界において「～できる」（PP, 160/1-232，もちろんフッサールが踏まえられている）こと，つまり〈世界へとあろうとする〉こととして捉えられる。志向性とは，「身体を仲立ちとして物（事象）へとあること」（PP, 161/1-233）なのである。

　そしてこの身体は，私が自覚的に私となる前にすでに世界に住んでおり，世界と馴染んでいる。したがって，ここまでの私の身体に即した議論のなかで，身体と馴染んでいる世界はすでに現れてしまっている。世界と切り離して身体を考えることはできないのである。ということは，物について考えるときにも，この身体という主体を抜きにしては考えることができないことになる。

　身体が世界と馴染んでいることを物（対象・客体）に即して考えてみよう。世界に於いて／へとある私の身体は，主体として「対象〔客体〕と対話をし，対象のうちに散乱している意味を取り上げ直」す。このとき，物（対象）も客観的，科学的な対象として現れるのではなく，「主体の諸志向性を対象が取り上げ直」した物，つまり「表情」(PP, 154/1-223) をもつ物として現れる[8]。物の現れは，ちょうど人物が，嬉しそう・哀しそう・怒っている，などのように何かの表情（無表情も含めて）をもって現れるのと同じように，固そうだったり柔かそうだったり，熱そうだったり冷たそうだったり，美味しそうだったり甘そうだったりといったさまざまな表情をもって現れる。言い換えると，物の現れは単に「ケーキ」とか「豆腐」といった意味として現れるだけではなく，表情も含めて「食べにくそうなケーキ」や「柔らかそうな豆腐」という意味として現れる。その現れは，たとえば，怒っている人物が現れたとき，怒っている人物と向き合うために私はどういう態度を取るべきかという向き合い方（方向）をも示しているのと同じように，柔らかそうな豆腐の現れは，私がその豆腐をどのように扱うべきかという方向をも示しているのである。

---

[8]　ほかにも，「物は私の身体の相関者である」(PP, 369/2-171)，あるいは「物の分節結構 _{アルティキュラシオン} はまさにわれわれの実存の分節結構である」(PP, 370/2-171)，というようにさまざまな表現を使ってこの事態は指摘されている。

110

　このように私たちが物「へとある」とき，シュナイダーのように，い
くつもの属性を足し合わせることで〈ショートケーキ〉と捉えるに至る
のではない。これはまた，その属性の一つだけを取り出して定義するこ
ともできないということである。たとえば，ショートケーキの（苺の）
赤は，白い生クリームの上にあるという「全体的な現れ」（PP,
373/2-175）においてしか意味をもたない。その赤は私（の身体）に対
して現れてくるときにはすでに，〈美味しそうなショートケーキの上の
苺〉という表情をもって，私を誘うものとして現れてくる。もちろん，
それが本当に美味しいかどうか，あるいはケーキに似せたケシゴムでは
ないか，こうしたことは実際に手で触れて，口に入れてみなければわか
らない。その点で，知覚はつねに「未完」（PP, 432/2-254）である。し
かし，一度間違えば，次にはその間違いの可能性も含めて何かが現れて
くる。誤りを誤りとして知ることは，それ自体は正しいこと（大げさに
響くかもしれないが真理）の現れである。

　どのような対象も，私の身体によって慣れ親しまれており，どのよう
な対象の現れ方にも身体は即応できる[9]。このことをメルロ＝ポンティは
次のように言う。「私の身体は，あらゆる対象の共通の織地（texture）
であり，少なくとも知覚された世界に関しては私がその世界を〈理解す
る〉ための一般的な道具である」（PP, 272/2-48）。このことが意味して
いるのは，「外的なものと内的なものとの同一性」（PP, 74/1-116）が，
私の身体という仲立ちによって成立しているということである。第3章
で示されていたシェーラーの「普遍的文法」は，メルロ＝ポンティにお
いてはこの身体にあたると言えるだろう。

　ここからさらに，デカルトの「我思う（コギト）」の根本にあるものは「何もの

---

[9] 得体の知れないものも〈得体の知れないもの〉として現れ，それに対して，びく
びくと，あるいはさっと身を引くといった対応の仕方ができる。

かが私に現れる」（PP, 458/2-290）ことであり，これが「絶対確実な唯
一の命題」（PP, 458/2-290）だとされる。そして，この私の身体が時間
を通じて同じ私であることと，対象がさまざまな現れを通じて同一であ
ることとを支えているのが身体図式という「等価性のシステム」（PP,
216/1-304）なのである。

2.　幼年期と身体

　メルロ=ポンティは，1949-52 年，ソルボンヌ大学の児童心理学・教
育心理学の教授として講義を担当する。この三年間に，八つのテーマが
設定され，取り扱われた資料は 200 点を越え，文化人類学的なものまで
含まれている。ここで着目したいのは，発達心理学との関わりである。
メルロ=ポンティは，発達心理学者ピアジェやワロンなどへの言及は早
い段階からあったにせよ，それほど重点を置いてはいなかった。『知覚
の現象学』までの議論は基本的には成人についての議論だったと言え
る。これに対してソルボンヌでは，子どもに軸足が置かれ，多くの発達
心理学の文献が現象学的な視点から取り上げられ活用されていく[10]。た
とえば，ピアジェの自己中心性やワロンの癒合的社会性，フロイトやラ
カンによるナルシシズムの分析などを検討している。以下，自己の身体
と他者に関する論点に絞って見ておこう。

　まず，心理学者ギョームやワロンなどの議論を援用し，この世に生を
受けて以来，子どもが，一方では身体図式を創設しはじめ，他方では他
者，厳密には他者の行動を知覚しはじめること，しかし，まだ自他は未
分化で共通の状況のなかに溶け合った癒合的社会性（ワロン）のなかに

---

[10] この講義については，澤田哲生『幼年期の現象学』および酒井麻依子『メルロ=
　ポンティ　現れる他者／消える他者』の二著が，相異なる問題意識から綿密な研
　究を行っているので，ご関心のある方はご参看いただきたい。

あることを確認する。ここから発達していくプロセスで，身体図式が整えられながら，自分の身体と他者の身体が対になるかたちで，差異を含んだ一つの全体として捉えられていくことになる。このとき，「受肉」（P1, 181/140）という言葉で示される事態，つまり〈私から見た他人〉〈他人から見た私〉が共に単なる物体ではなく，心によって生気づけられているという事態が意識されていることが重視される。特に，六か月を過ぎたあたりから，鏡に映った自己の像と他人の像，またこれに伴うナルシシズムなどが，発達心理学に加えて精神分析の知見も交えて取り上げられる。自他が未分化な状態とは，まだ他人の身体も自分の身体も十分には区別されていないため，むしろ身体が世界のなかに遍在している（P1, 193/153, 221/182）ような状態であるが，鏡像を見ることでもたらされる自分自身を見ると同時に自分自身が見られているという経験は，幼児に自他の区別，「他者による自我の疎外」（P1, 178/136）をもたらし，また精神分析で言う「超自我」をもたらすことになり，遍在していた身体も自己の身体として組織化されてくることになる。

　この時期のメルロ＝ポンティの探究は，言うなれば，身体を軸とした発生的現象学の試みであった。また，テーマとしては，後期メルロ＝ポンティ哲学の核となる反転可能性（可逆性）へと繋がるものの萌芽が見られるという点でも，重要である。

3. 身体の存在論的展開

(1) 制度

　52 年に就任したコレージュ・ド・フランスでは，就任後の数年間，言語，歴史と制度化，受動性，弁証法についての考察が行われた。特に「制度」という概念[11]を軸にして，歴史性，社会性を論じる基盤を整え

---

[11]　「制度 institution」は，フッサールの「創設 Stiftung・原創設 Urstiftung」とい

ていった。

　制度は身体とも深く関係している。たとえば，身体が習慣を習得する
ということには，人と会ったときにすべきとされるお辞儀や握手のよう
な身体の使い方，あるいは箸やナイフ，フォークのような道具の使い方
（マナー）のように文化的に規定され定まったふるまい方も含まれる。
ここでは，身体の使い方が個人的なものであると同時に文化的・社会的
な制度となる。さらには，他の人がきちんとお辞儀をしないとか，ナイ
フとフォークをカチャカチャ鳴らしているような場面に居合わせて不愉
快になっているとき，その制度が自分に内面化されていることにも気づ
くだろう。このとき，制度は他者たちと私を同じ一つの世界（社会）に
関わらせる「蝶　番」となっている。制度は，世界にすでに沈澱し伝統
となっている過去を，この世界にある私が我が身に引き受け，そのこと
によってこの世界へと関わるときの様式として自分を拘束しながらさら
に先へと引き継いでいく，という時間的・歴史的な意味ももつことにな
る。その点で，身体は，時間的で歴史的でもある。

（2）自然

　56年からは「自然」をテーマとした講義が始まる。これが後期存在
論への発端となる。まず，自然が問題となる理由は，「自然の概念はつ
ねに存在論の表現」（N, 265）だからである。ここで問題となっている
のは，「諸存在をともに存在させているものとしての〈存在〉」（N, 267）
を明らかにすることである。つまり，『知覚の現象学』が記述していた
事柄がいかにして可能であったのかを探究しようとしているのである。

う考えを承け，その根源としての時間を根本的なモデルとして構想されたもので
ある。ここには，〈意識による構成〉を基礎に置く哲学から脱け出し，世界と関
わることがもつ意味をより際立たせることで，他方「主体（性)」の概念を変様
させることまで含めた狙いがある。

とはいえ，その自然はやはり私たちが知覚するものであるから，自然について記述することと，知覚する人間の身体について記述することとの基本的な関係は変わらない（cf., N, 269f.）。ただ，一方の〈一つの物としての身体〉と，他方の〈ものを見る視点である私の身体〉とが，同じ一つの身体であること，ここに自然と身体との「相互内属」[12]の典型例を捉えようとする試みに重点が移されている。たとえば，一方の手でもう一方の手を触れることを考えてみよう。このとき，左右はいとも容易に「触れる」「触れられる」役割を交替できる（cf.,PP, 108/1-163 以下）[13]。『知覚の現象学』では二つの役割を担う身体の両義性が取り上げられていたが，後期になると役割が交替すること——交叉配列（chiasme）と呼ばれる——のほうに重きが置かれるのである（cf., N, 107）。

（3）「肉」[14]

メルロ＝ポンティ晩年の存在論では「肉」が一つのキーワードとなっ

---

[12] 「相互内属 Ineinander」はフッサールの言葉。たとえば，「愛する者たちは〔単に〕互いに相並んで，互いに連れ立って一緒に生きているのではなく，顕在的にも潜在的にも，互いの内側に入り込んで相互内属的に生きている」というように，単純な並列ではなく「互いに向き合ったうえで，互いの内側に入り込み，同じ方向を目指して共に歩もうと努力する一人称複数の〈われわれ〉の関係」（榊原「フッサールとハイデガー」, 122）を言う。メルロ＝ポンティはこれを『知覚の現象学』では「包含関係」として，また後年には他者との関係を越えて一般化して，「跨ぎ越し」，「蚕食」，「浸蝕」，「絡み合い」といった語で表現している。とりわけ，正面からすると区別されているが側面的にはつながっており，そのため交叉配列や反転の可能性が認められる事態を示そうとするときに使われる。

[13] フッサール『イデーンⅡ』における「再帰的感覚」の分析を踏まえている。第2章参照。ただし，フッサールは，触覚に関しては「触られながら触る」という二重性を認めるが，視覚に関しては認めていない（cf. Hua Ⅳ, 148/175）。

[14] フランス語 chair の訳であるが，これも誤解を招きやすい。前章の注で触れたように，英語の flesh，ドイツ語の Leib に対応しており，一般には「肉体」と訳される。第2章で見たように，フッサールも Kölper/Leib を使い分けており，それ

ている。しかし残念ながら，練り上げられる前に亡くなってしまったため，十分な定義がされているとは言いがたい。ここでは，身体と関係する限りで確認しよう。

　まず，今述べた触れる身体と触れられる身体との交替する関係が一つの「循環回路」(N, 285f.) として捉えられる。先に見た身体図式が，ここでは〈触れられる身体〉と〈触れる身体〉との交替を支えている。というのも，私の〈触れられる身体〉は，他のものや他者の身体と関わりながら世界の一部となっている身体である。これが，同じく私の〈触れる身体〉と関わっていること（どちらにしても私であること）が可能なのは，まず身体図式が触れる身体と触れられる身体とを差異を包含したまま統一しているからである。もちろん触れられる身体の側面と触れる身体の側面とは簡単に交替してしまい，ちょうど前章の「ルビンの壺」で，顔と壺とが同時には見えないのと同じように両者は相容れないのだが，それでも同じ一つの〈身体〉なのである。この点で，触れる身体と触れられる身体とは「相補的」(N, 285) で，触れること／触れられることの相互内属が生じている。つまり〈身体〉とは，差異を包含する統一としての「感じうるもの」[15] (VI, 179/189) であり，身体図式は，差

に倣いつつメルロ=ポンティ流に鋳直している。いずれにしても生身のイメージで，特にキリスト教では，「霊と肉」と対で語られる。ちなみに食用の肉は，別の語（英語 meat，フランス語 viande，ドイツ語 Fleisch）で示されるが，混用されることもある。

[15] 原語は sensible。可感性とも訳される。「感じうる（もの）」という言い方で，〈感じる能力〉の側面と〈感じとられる対象〉の側面の両面に関わっていることを示している (cf., VI, 313/381 以下)。世界に関しては，基本的には後者の側面が強いが，身体に関しては，〈物として感じとられる〉身体と〈何かを感じとることができる〉身体の両面が強調されていることに留意する必要がある。「哲学者とその影」（『シーニュ』所収）では，フッサールの『イデーンⅡ』から「主体－客体」という語を引いてこのあり方が示されている (S, 210/253 および廣瀬訳283頁の注16を参照)。

異を保ちながら二つの面をつなぎ止めて統一する「蝶番」の働きをしている。

　身体図式はまた，知覚と運動の主体となる〈身体〉と世界との蝶番ともなっている。先に「私の身体があらゆる対象の共通の織地（テクスチュール）」だというメルロ゠ポンティの言葉を示したが，この段階では，「物は身体図式と同じ生地（étoffe）でできている」（N, 287）とも言われる。他者の身体との関係においても同様に，互いに身体図式によって，自身の身体と共に他者の身体を知るのであり，よって「私の身体は，また他者たちの身体性でできている」（N, 281）ことになる。こうして，フッサールの言う「間主観性とは，まずもって間身体性」（N, 341）なのである。

　ここには，デカルトが第一のものとした人間の思惟よりも「ずっと古い感じうる世界（サンシブル）」（VI, 28/23）が開かれている。この〈感じうる世界〉と〈感じうるものである身体〉とは同じ生地でできているのだから相互内属の関係にあり，明確な境界で区別することはできない。このような〈感じうる〉ことの運動が「肉」と呼ばれている。先に見た「共通の織地」や「同じ生地」は，肉として捉え直されて，「私の身体は世界と同じ肉で作られている」（VI, 302/363）と言われることになる。

　気をつけなければいけないのは，肉は，実体的なものでも物質的なものでもないということである。肉は，それ自体は感じられることなく，あるものをあるものとして感じうるようにして存在させているのである。〈それ自体は感じられ〉ないのは，他の一切を感じうるようにさせる働きであるため，一種の「盲点」（VI, 301/362）となるからであり，〈感じうるようにして存在させている〉とは，肉が，感じとるものと感じとられるものとを，相互内属し絡み合うような様態で分岐させて開くこと[16]で，感じられる／感じるという循環回路を作動させている，とい

[16]　「裂開」「分裂」とも言われる。

うことである。この水準で，〈感じうる身体〉は，交叉配列を身をもっ
て示しており，またそれを知っているという点で，他のすべてのものを
測る尺度（VI, 302/364, 313/382 他）となる。デカルトが，真理の基盤
とはなり得ないとして排除した身体が，実は，あらゆる真理の尺度に
なっているのである。

8 | メルロ=ポンティの現象学(3)：「表現」をめぐって

本郷　均

《**目標＆ポイント**》　本章では，メルロ=ポンティの「表現」の意味について
まず理解し，これを踏まえて，「表現」と言語および芸術との関係について
理解することを目標とする
《**キーワード**》　表現，言語，ソシュール，絵画

1．問題としての表現

　前章では，メルロ=ポンティの現象学にあって「身体」がもつ中心的
な意味を検討し，それが肉へと至る道を開いていたことを確認した。本
章では，角度を少し変えて，「表現」という問題系から考える。

　なぜ「表現」が問題となるのか。表現という言葉から連想されるの
は，まずは音楽や絵画などによる芸術的な表現であろう。では，いわゆ
る現代芸術は，何を表現しているのだろうか。何を表現したいのかわか
らない，という評言もよく耳にする。すると，表現には，わかるものだ
という前提があることになる。何がわかるのか。よく言われるのは，作
者の気持ちや思いなど，表現しなければ隠れたままであるものであろ
う。してみれば，表現は，主観的なものを作品という対象（客観）とし
て表に現し他者にも感じ取れるものにする働きだ，と考えられているこ
とになる。これは，実際のところ，どうなのだろうか。表現についての
メルロ=ポンティの考えを確認し，さらに言語と芸術について検討しよ
う。

2. メルロ=ポンティの表現の基底

　メルロ=ポンティにとって初期から晩年まで一貫した導きの糸となっているのは，「いわばまだ無言の経験を，その固有の意味の純粋な表現へともたらすことが重要である」[1]というフッサール『デカルト的省察』の一句である。表現はメルロ=ポンティの哲学を導いているテーマの一つだと言える。第1章で確認したように，現象学は基本的に意味・方向の現れを問題とする。この現れと関連して，表現が問題となってくる。

　たとえば，日常的な場面で，私たちは他の人に出会うとき，その人の表情のみならず身のこなしや手の動き，あるいは言葉そのものより以前に音声を発する時の調子やトーン等々から，親愛，いらだち，警戒，怒りといったさまざまなことを読み取る（第2章参照）。今，「読み取る」と述べたが，実態としては，読み取ろうとする以前にすでに，相手がたとえば〈怒っている人〉として現れてしまっている。他者の身体が現している怒り，というより，その人の全体的な現れが怒りそのものとなっており，それを私たちはただちに受け止め，瞬時に対応することができる（cf., PP, 215/1-303）。解釈や分析などをした結果としてこの人は怒っていると判断するのではない。そのような意味で，メルロ=ポンティは，「身体は自然な表現の能力」（PP, 211/1-298）であると言う。

　この状況は，目の前にショートケーキが置かれているときに瞬時に対応できる場合と，原理的には同じ構造をもっている。ケーキも怒っている人もそれぞれ意味として現れており，その現れ方が馴染みのあるもの

---

[1] メルロ=ポンティはフッサールの言葉を若干省略して引用している（cf., Hua I, 77/78）。なお，「表現」という語は，メルロ=ポンティでは expression で，大元は「絞り出す」の意だが，フッサールでは Aussprache で，大元は「発音する」の意，つまり言葉にすることで表に現すことを意味している。メルロ=ポンティはこの両方の意味を踏まえている。

120

として私の身体図式のそれに応じた対応の仕方を呼び覚まし促すように現れてきている。このゆえに，私（の身体）はケーキや怒っている人に対して応接することができるのである。

　もちろん，こうした現れは，文化的な制度が私（の身体）のうちにすでに沈澱して身体図式化されていることによって生じる[2]。知覚は，第6章で見たように，「与えられたものの布置から内在的な意味が湧き出るのを見ること」（PP, 30/1-59）であるが，意味の湧出は，それに応じることのできる身体がまずあってこそ或る意味の湧出が生じうるのであるから，知覚は，意味を表現させていると言うこともできる。こうしたことから，「知覚はすでに表現である」（RC, 14/9）と言える。まとめると，〈世界に於いて／へとあること〉の媒体である身体は表現の能力であり，世界と私のインターフェースである知覚は表現である，となる。

　知覚におけるこのような表現は「自然の言語」（RC, 14/9）と言われる。しかし，この自然の言語は，表現しつつあるとはいえ，通常の言語からすれば沈黙でしかない。この表現を「取り上げ直し増幅」するのがいわゆる「言語」であり，それが「本来の表現」（RC, 13f./8）だとも言われる。そこで，次に言語について検討しよう。

[2] したがって，怒っている人も，文化的な制度の違いによって，Aさんには怒りとして現れているものがBさんには何だかわからないものとして現れていることもありうる。たとえば，メルロ=ポンティは「日本人は怒っているとき笑うが，西洋人は真っ赤になって足を踏みならしたり，青くなって鋭い声で話す」（PP, 220/1-309）という例を挙げている。

3．メルロ=ポンティの言語論

（1）『知覚の現象学』における言語

　メルロ=ポンティの言語に関する論じ方には，『知覚の現象学』の時期と，中期以降ではやや違いが見られる。その違いは，ソシュール言語学の吸収によるものである。とはいえ，根本的な変化とまでは言えず，むしろ前期の土台があればこそ，ソシュールの言語学が注目され受容されたのである。そこで，まず『知覚の現象学』での言語の捉え方を確認しよう。

　根本的な考えは「語は意味をもつ」（PP, 206/1-291）ということにある。これは，言葉で何かを表現しようとするその場面[3]から言語を考え直すことによって得られる視座である。

　まず，ある語はそれが指し示す対象の目印ではなく，語がものに「住んでいる」（PP, 207/1-293）とされる。このことは，習慣が身についていること[4]と類比的に考えられている。対象の目印としての語（言葉）のあり方は，すでに制度化され，安定した言葉のあり方である（「語られた言葉」（PP, 229/1-321）と言われる）。このあり方では，諸々の語の布置が地として見えなくなり，焦点となっている語のみが図として浮かび上がってくる。そのため，語や概念と，物事や思想内容とが一対一対応しているように見える。この場合，語るほうも，聞くほうも，字句そのものに囚われることなく，意味を了解する。

　ここで，これまで言われたことのない，初めてのことを言い表そうと

---

[3] 「語る」(PP, 209/1-294) という語で示されるが，ここには「書く」ことも含まれる。

[4] 「習慣（habitude）」は，ラテン語で持つを意味する habeo を語源としており，フランス語「持つ（avoir）」の語源でもある。

する場面を考えよう。「語られた言葉」の水準ではそれが果たせず，どのように言っても書いてもしっくりこないということはしばしばある。苦吟の末，ある表現に辿り着いて，これだ，と感じたとき，やっと私たちは，自分の考えが「実現」（PP, 207/1-293）したように感じる。この場合，言葉は「感じうる世界における思想の現存」，「思想の身体」（PP, 229/1-321）となっている（「語る言葉」（PP, 229/1-321）と言われる)[5]。

　私たちが読者となっている場面でも状況は同じである。初めての作家の作品や，特に哲学書などに触れるとき，慣れない言葉づかいや聞き慣れない概念がいくつもそこに現れて言葉や概念同士の関係やその全体的な布置がすぐにはわからない。読者がすでに身につけており慣れている布置からすると，全体として変形されているために対応できないのである。それでもしばらく読み続けることで，次第に著者の言葉のふるまい方（布置の作り方），つまり文体（スタイル）に馴染んでいく。ふるまい方とは，世界との関わり方の様式（スタイル）であるから，著者がいかにして言葉によって世界と関わっているかがわかってくる。そのことによって，「言葉が自分自身について自ら手ほどきを」（PP, 209/1-294）して，新たな布置が言葉のほうから形成されはじめ，「言葉の意味が言葉そのものによって誘い出され」（PP, 208/1-294）るようになる。文体（スタイル）はまた思考の様式（スタイル）でもあるので，これに慣れて自分のものとするとき，著者に「ならって考え」（PP, 208/1-294），著者のように世界と関わることができるようになる。

　とはいえ，当の著者自身，語ること（書くこと）によって考えている（PP, 209/1-295）のであり，言葉の身ぶりが意味を描き出している（PP, 217/1-305）。その点で著者にとっても，自分が考えていた以上の

---

[5] この水準での言葉のあり方は，意義（シニフィカシオン）が生まれつつある状態で捉えられたものである。

ことが言葉によって示される（PP, 445/2-273）ことになる。してみれ
ば，表現は，すでにあるものの反映ではなく，「いたるところ創造的で
あり，表現されるものはつねに表現から切り離され得ない」（PP,
448/2-276）のである。もちろん，どのような表現も，語られた言葉を
前提にしてのみ可能である。よって，表現とは語る言葉の水準で生起す
る語られた言葉の乗り越えである。読むことも同じく語る言葉を引き継
ぐことによって語られた言葉を乗り越える創造的な営みとなる。
　このような言語観は，ソシュールの受容によってどのように変化する
だろうか。

（2）ソシュール言語学の受容

　「私たちがソシュールにおいて学んだこと，それは記号が一つひとつ
では何も意味しないこと，そのそれぞれは，意味を表現するというより
は，それ自身と他の記号との偏差をしるし付けるということである」
（S, 49/98)[6]。メルロ=ポンティによるソシュールについてのこの説明は，
『知覚の現象学』での「語が意味をもつ」とする考えとは相容れないよ
うにも思われる。しかし，『知覚の現象学』においても，ある語が意味
をもつとき，その意味は諸多の語が織り成す布置によってのみ当の一つ
の語の意味も決まってくる，とされている。さらに，同一言語内でも，
その語が置かれる布置（文脈やその語が置かれているテクスト全体，そ
のテクストが置かれている他のテクスト群，さらにそのテクスト群が置

---

[6] メルロ=ポンティが初めてはっきりとソシュールを取り上げたのは，1947年の
「人間における形而上学的なもの」（『意味と無意味』所収）であるが，本格的な
論及は「ソルボンヌ講義」以降である。引用した「間接的言語と沈黙の声」冒頭
部は，訳者・廣瀬氏の指摘するように「ソルボンヌ講義」の最初の講義の要約に
なっている。なお，メルロ=ポンティのソシュール理解は，彼の現象学を前提に
したものであり，その解釈について賛否は分かれる。本章ではメルロ=ポンティ
のソシュール理解に沿って説明するが，ソシュール言語学そのものについては，
加賀野井秀一『ソシュール』などをご参看いただきたい。

かれている文化的背景）によって，ある語は多様な意味をもちうる[7]。とすれば，「語が意味をもつ」とは，語と意味が一対一対応になっていることを言いたいわけではない。ソシュールの言う言語体系（日本語やフランス語にあたり，それぞれの文法と語彙をもつ体系）内の諸辞項（語）もこれと同様の構造をもつ。ある辞項は辞項相互間に「現出する差異によって産み出される」(S, 49/98)，つまり諸辞項が作り成す全体的な布置の上で差異化されることによって或る辞項が産み出され（この辞項の音や文字の側面が意味するものと言われる），その言語体系内の価値（こちらは意味されるものと言われる，いわゆる言葉の意味）が，他の辞項とは区別されて図として「浮き上がり」(S, 53/104)，偏差が確認されることによって定まるのである。

　このことは，もう一つ重要な帰結をもたらす。意味されるものは，対象や私たちの考えそのものと直結してはいない，という点である。「あるオリジナルなテクストがあって，私たちの言語はその翻訳ないしは暗号化された異本だ」(S, 54/106)という，一見自明に思われる先入見は否定される（これは，出来合いの語られた言葉に依拠している限りは納得できる先入見ではある）。むしろ，「言語は，事柄そのものを語ることを放棄したときにこそ，断固として語る」(S, 55/109)のである。このことは，〈無言の経験を表現にもたらすこと〉と矛盾するものではない。「こう言えば正解」と言えるような「オリジナルなテクスト」はなく，ただそれ自体は言葉になっていない経験があるばかりである。だとすれば，つねに語り直すことを事象のほうから促され，新たな語る言葉（ソ

---

[7] これは，誰もが同じ身体であるにもかかわらず，身体の使い方が文化圏によって異なる（首を横に振ることが肯定を表す文化もある）のと同様である。諸言語間での語同士の完全な一対一対応は（固有名や専門用語などを除けば）ほとんど生じない。一定の身体の使い方（ふるまい方）がある文化的共同体を前提していることと同じく，語の使い方もある言語共同体を前提しているのである。

シュールの言語行為(パロール)にあたる）によって語られた言葉を乗り越えるという創造的な営為によってしか，この経験を語ることはできないのである。

（3）ゲシュタルトと言語

なぜこのような乗り越えが生じるのか。ここには言語の構造的な制約があるからである。それは，一方の知覚のゲシュタルトとしての全体性という性格と，他方の言語の線状性という性格とのずれという問題である。

一つ例を引こう。

　四階のビュウティ・サロンのなかは，光線のせいか，水槽のなかのように見えた。
　赤い皮を張った，銀色のパイプの，低い椅子にかけて，順番を待つ女たちは，熱帯魚みたいに，色あざやかで，そして静かだった。
（川端康成『東京の人』）

この文について，『レトリック事典』（489）では，「このようにその場の雰囲気を知覚した人物は，初めから全体を知覚していた（これはゲシュタルト心理学の教えである）」と説明されている。これを読むときでも同様である。全体のイメージを言葉が出現する順に意味を足しながら構築していくわけではあるまい。メロディを聴くとき，一つひとつの音が順番に現れながらも，現れてくる音を次々と把持しながら一つのまとまりとして（とはいえ前後が逆になることはなく，メロディラインとして）聴くのと同じように，言葉が現れてくる順番を捉えながら，全体的なイメージが作られる。これを踏まえると，川端は「『熱帯魚』のよ

うな女たちぐるみで，その『ビュウティ・サロン』を『水槽』のようだ」（『レトリック事典』，489）と捉えたのであろう。一挙に全体を見たのだ。ところが，一度このようにして表現されると，水槽と熱帯魚とのあいだに因果関係が設定できてしまう。たとえば，「女たちは熱帯魚みたいだった。というのも，ビュウティ・サロンのなかは水槽のように見えたからだ」と説明的な文章にしてみる。するとこの文は，知覚的ゲシュタルトの現れ全体に対して，「なぜ熱帯魚みたいだ」と思ったのだろうと省みたときの説明として書かれる，いわば二次的な文であることがわかる。

　ここに，知覚的な現れと，それを「取り上げ直して増幅」する言語による表現との差異が確認できる。川端の文は，知覚的な現れに即した記述をしようとしているが，それでも，それが言葉として語られる限りで線状性は免れない。一度語られれば，二つ目の文のように説明文を書くことも容易となる。しかし，そのようにして説明され理解された事柄は，経験された事象からはいよいよ遠ざかることになる。当の表現しつつある経験からすれば，現れがいまだ表現にもたらされていないことになり，現れの側からその乗り越えを改めて促されるのである。この意味で，表現は，表現されたがゆえに更新されるべきものとして現れ，表現されたものを自明として受け取らずにそれをエポケーすることで，私たちを経験に連れ戻す手がかりであることになる。

　この観点からすると，言語による表現と絵画などによる芸術的な表現とのあいだには，決定的な違いや断絶があるとは言えなくなる。というのも，言語による表現も，絵画などの表現も，等しく〈表現しつつある経験〉を「見えるようにする」営みだからである。そこで，次にメルロ＝ポンティにおける芸術の捉え方を見てみよう。

4．『眼と精神』における身体

　メルロ=ポンティの芸術論とされるものには，実存主義的な色彩の強い「セザンヌの懐疑」（『意味と無意味』所収），ソシュールの研究が反映され絵画と言語とが並行して考察される「間接的言語と沈黙の声」（『シーニュ』所収），そして晩年の存在論探究の途上にある『眼と精神』の三篇が挙げられる。ここでは，『眼と精神』を取り上げる。

　『眼と精神』は 1960 年の夏に執筆され，1961 年 1 月に発表された。『シーニュ』「序文」と並んで，晩年のメルロ=ポンティの考えをいわば公式に示したものである。

　芸術論が重要である理由をまず確認しよう。

　コレージュ・ド・フランスでの 59 年の講義草稿で，絵画は「発生の把握であり，完全に現実態の哲学である」（NC, 58/60）とされている。最後の講義となった 61 年の「デカルト的存在論と今日の存在論」草稿では，今日の哲学が根本的な探究から離れているため，「芸術において暗黙のうちに留まっている私たちの存在論を哲学的に表明」（NC, 166/200）することから始める，と言われている。してみれば，この二つの講義に挟まれた『眼と精神』は，絵画として現れてはいるものの，いまだ暗黙のままにある「発生の把握」を明らかにすることを目指しており，晩年の哲学の下図を描いていると言える。凝縮された難解なテクストでもあり，そのすべてを押さえることはできないので，ここでは，身体を軸に据えて瞥見しよう。

　〈画家が絵を描く〉とは，どのような営みなのか。メルロ=ポンティは次のように言う。「自分の身体を世界に貸すことによって，画家は世界を絵画に変える」（OE, 16/257）。これは，言うなれば画家による還元の第一歩である。貸すことは，そもそも「世界〔もの〕は身体と同じ生地

でできている」[8]（OE, 19/259,〔21/260〕）ことによって可能となっている。しかし，なぜ世界を絵画に変えようとするのか。知覚というゲシュタルト的な現れがすでに一つの表現であることを考えると，見えているということは，制度化された自明性という先入見によって見させられているというあり方でもある。画家は，世界のなかに織り込まれた「見えるものでもあり見るものでもある自分の身体」（OE, 18/258）によって世界を改めて見直し，制度化された見え方を乗り越え，自身の視覚−光景（ヴィジョン）を描くことによって世界を新たに「見えるようにする」[9]（OE, 74/291）のである。画家は，見させられている世界には欠けているものがあることに気づいており，画家にとって欠けるところのない世界を見えるようにするために描く（cf.,OE, 25/262）。その意味で，その絵画は具象的であれ抽象的であれ違いはない。私たちは「絵画にしたがって，というよりむしろ絵画と共に見る」（OE, 23/261）のであり，世界の見方を絵画に学ぶのである。これは，新しい言語表現が私たちに事象の新しい捉え方を教えるのと同様である。いずれも，世界の「生（なま）の意味」（OE, 13/255）から立ち上げられた表現が世界の現れ方の様式（スタイル）を更新している。

　では，画家はどのようにして「世界を絵画に変える」のか。ここで身体が見える見るものであること，つまり，〈他のものを感じるもの〉でありながら〈感じられるもの〉でもある身体（〈感じうるもの〉である身体）であることが重要な意味をもつ。画家は，身体そのものの備えているこの「交換体系」（OE, 21/260），つまり交叉配列（キアスム）によって，世界に

---

[8] 第7章でもこの表現のいくつかのバリエーションがあったことを参照。
[9] これは，画家パウル・クレーの「創造についての信条告白」（Klee, 76/162）の冒頭，「芸術の本質は，見えるものをそのまま再現するのではなく，見えるようにすることにある」からの引用である。

欠けているものを世界の側から示される。画家が身を置いているこの境位では，一見能動的に見える「描く」ことが，受動性を帯びた営みとなる。メルロ゠ポンティは，森の中で「樹が私を見つめ，私に語りかけている」（OE, 31/266）という画家アンドレ・マルシャンの言葉を引用する。ここで生じている反転は，霊気を吹き込まれるという受動的な表現が示すものである。描かれるもの，たとえば山が山のほうから「自身を見えるように」（OE, 28/264）し，画家は画家で，山に向けて眼前にある山として見えるようになるための──制度化した手段，つまりこれまでの描き方によっては描き出すことのできない画面を出現させるための──手段について問いかける（OE, 28f./264）。この問いかけ自体を山のほうが引き出してくる。画家が世界に身体を貸すのは，画家と山とのあいだの反転可能な関係[10]が画家の〈感じうるもの〉である身体において生成し，そのことを通じて山を見えるようにするためである[11]。

　この境位は，単に技法の問題ではなく，根本的に通常の〈見る〉ことがエポケーされるときに開かれる。普段見ているときには，山は出来合いの山という意味としてそこに鎮座している。そこでは「生（なま）の意味」は

---

[10] ここで気をつけなければいけないのは，反転とは言うものの，決して反転するのではなく，反転するぎりぎりのところまで迫り，そのことによって反転の可能性は示されるものの，向こう側は「ヴェール」（VI, 196/207）に遮られ，窺い知られるにとどまり，完全に反転することはない，というあり方をしているという点である。画家はあくまで見つめられ語りかけられはするが，樹や山になるわけではない。そこには差異・偏差がつねに残存し，それを乗り越えようとする表現の営みが生起するのである。このような反転の可能性（可逆性）が「肉（シェール）」という語で示されるエレメント（私たちが生きる場のこと）の根本的な構造をなしている。

[11] ここで，「山」が例とされているのは，メルロ゠ポンティが参照しているセザンヌが描き続けた多数の「サント・ヴィクトワール山」の絵が念頭にあるからであろう。同じサント・ヴィクトワール山を何十枚と描いていても同じ絵は一枚もない。絵を描くそのつどセザンヌは問いかけ，そのつどその山を見えるようにするように山によって導かれた，ということであろう。

見えない。とはいえ，生の意味それ自体は無言であるから，それをその
ままで取り出すこともできない。描くという問いかけを画家が行うこと
で，〈山〉としてそれを画布の上に象り図として浮き上がらせることが
できる。それは，この山（端的には物）が，側面的には全体を開くこと
のできる「全体的部分」（VI, 271/315）であり，さまざまなものがその
上に配置され意味を与えられる「諸次元」（VI, 271/315）を開くからで
ある。言語と同様に，答え合わせをするための「オリジナルなテクス
ト」は，ここにはないのである。

5. 表現と哲学

　このような境位での表現の営みと哲学は，どのように関係しているの
か。

　メルロ=ポンティは『知覚の現象学』「序文」で，「真の哲学とは世界
を見ることを学び直すこと」（PP, XVI/1-24）だと表明した。このと
き，現象的身体に身を置くことで見えるようになったのは世界との関係
であった。『眼と精神』においては，「見る」ことそれ自体が絵画を描く
ことに即して問われる。この問いが〈存在〉への問いとしても現れるこ
とになった。〈山〉を見えるようにする表現の創造的な営みが，山が私
たちにとって存在するようにしている次第を解明することにもなるから
である[12]。そして，画家の仕事に付き従うことによって，「視覚－光景」

---

[12] 後期の存在論が「自然」の探究から始まるのも，根本的には同じ問題構制からで
ある（もちろん，ハイデガーの影響もある）。というのも，漢字の「自然」にせ
よ，ギリシア語で自然を意味するピュシス（φύσις）にせよ，「自ずとそうなるこ
と（自ずから然り，この意味の時には自然と読まれる）」を本来は意味している
からである。「自ずとそうなること」のあり方を人為や作為を排して「写し取る
こと」——現象学が出発点としている「記述」（英 description）のラテン語 de-
scribo の古義——から，再度哲学を始めようとしたのである。

は「私自身から不在になり，〈存在〉の裂開に内側から立ち会うために，私に与えられた手段」（OE, 81/295）であることが明らかになる。この存在の裂開——差異化によってある布置ないし分節，つまりゲシュタルト（・）が生成し，あるもの（山）をそのもの（山）として，見えない地を伴いつつ浮き上がらせること——が，見えるものを同時に存在させているのである。画家の（異常とも言われかねない）経験を真剣に「文字通りに受け取り」（OE, 31/266），そこに表現されている〈暗黙の存在論〉を引き受けることが可能なのは，画家の見ることがすなわち「無言の〈存在〉が自身固有の意味を明らかにしに来る」（OE, 57/298）ことだからなのである。

　『知覚の現象学』「序文」には，哲学（現象学）について，さらに次のような指摘がある。世界や歴史の意味を生まれつつある状態で捉えようと試みるという点で，現象学は「バルザックの作品やプルーストの作品，ヴァレリーの作品，セザンヌの作品と同じ」（PP, XVI/1-25）だというのである。いずれも，私たちの生き生きとした無言の経験を，それぞれのスタイルに応じて表現にもたらすことを目指しており，現象学もこの目標を共有している。メルロ=ポンティは，画家が見えるようにした無言の経験の表現から，来るべき哲学の素描を読み取り，哲学の言語による表現へともたらすことを試みようとした。これがこの後のメルロ=ポンティの仕事となるはずであった。

9 ｜ レヴィナスの現象学：他者

本郷　均

《**目標＆ポイント**》　本章では，レヴィナスにおける独特な「他者」の意味を理解する。その理解に基づいて，レヴィナスにおける「倫理」が第一哲学であると言われる意味を理解することを目標とする。

《**キーワード**》　レヴィナス，他者，倫理，顔，暴力，身代わり

1．レヴィナスと事象

　本章では，レヴィナスにおける他者の問題を考える。レヴィナスの哲学は，フッサールからの影響，特にハイデガーからの影響を受けつつ，ハイデガーの存在論への根本的な異議申し立てを企てる。さまざまな問題を探究しているが，特に近代哲学の難問の一つ「他者論」（他者をどう捉えるか）という問題，とりわけ他者と関わる倫理の問題への一つの回答として捉えられることが多い。ここでも，この論点に絞って見ていくことにする。

（1）レヴィナス

　レヴィナスは，1906 年にリトアニア・カウナス（コヴノとも言う，当時ロシア帝国領）でユダヤ系の家庭に生まれた。日常的にはロシア語を使用し 6 歳からはヘブライ語を学ぶ。23 年にアルザスのストラスブール大学に留学，サルトルやメルロ=ポンティと同様にベルクソンの哲学に傾倒するが，同時にフッサールの哲学を知り，並行して読むよう

になる。28 年にはフライブルクでフッサールとハイデガーに学ぶ。30年，『フッサール現象学の直観理論』刊行，翌 31 年にはフッサール「パリ講演」（後に『デカルト的省察』）をパイファーと共訳し，この二冊はフランスへの現象学導入における重要な道標となる。

　レヴィナスはサルトルやメルロ＝ポンティと同年代だが，フッサールとハイデガーに直接学び大きな影響を受けたことからすれば，現象学に関しては先達と言ってもよい立場にある。第一の主著『全体性と無限』は，61 年，メルロ＝ポンティが 53 歳で逝去した年に出版される。ちょうど実存主義の影響力が弱まり構造主義が流行しはじめた時期にあたるため，広く注目されたとは言えない。彼の哲学が注目され本格的に研究されるようになったのは，構造主義の流行も終焉しポストモダンが喧伝される 70 年代後半頃からである。

（2）レヴィナスの問題

　近代哲学は，デカルトに代表されるように，主観（精神）／主体（以下，主，とする）に基本的な軸足を置き，主以外のものを客観／客体（以下，客）ないし対象とし，主と客とを分割する。この考え方からすると，主ではない〈他なるもの〉[1]は，主の側から捉えられる対象（客）となる。他者ももちろん対象である。たとえば，「理解する」という例を考えよう。対象を「○○だ」と理解することによって，対象そのものではなく〈理解された対象〉が主の側に取り込まれ（自分の認識として自分と）同化される。そして対象そのものは，カントの「物自体」のように，知られ得ないものとして外部に置かれることになる。フッサール

---

[1] レヴィナスは他を論じるにあたって，autre（他者・他なるもの，人間とは限らない），autrui（他人），l'Autre（〈他〉，これは〈同〉と対比が強調される），といったいくつかのフランス語を使う。基本的には参照した藤岡訳に従うが，本章中では，必ずしも厳密に使い分けてはいない。

の現象学では，そのような物自体は想定されないが，意識の志向性の探究から始める点では，主観性に置かれている軸足は大きく揺らいではいない。ここには，主＝能動，客＝受動，という関係が生じている。レヴィナスは，この枠組みからすれば，客に属しており，主に取り込まれ同化されてしまうことになる〈他なるもの〉のほうから考えようとする。これまでの哲学とは異質なところに立脚し，西洋の哲学がこれまで考えてこなかった問題に，現象学を手がかりとしつつこれまでとは異なる考え方でアプローチしようとするのである。

（3）レヴィナスの現象学と事象

　レヴィナスは現象学について次のように言う。「現象学とは，われわれが世界内でどのような状況にあるかを覚知させる一つの仕方，すなわち意味の起源をわれわれの生活世界のなかから再発見するという一つの自覚である」（カーニー，91）。本書でこれまで述べてきた現象学の正当な要約であり，レヴィナスは──『存在の彼方へ』[2] においては，「現象学を越える危険をおかす」（AE, 281/409）と言うものの──基本的にはフッサールの教えに忠実であろうとしていた。そうだとすると，レヴィナス哲学の異質さ，と感じられるものは，彼の「生活世界のなかから再発見」された意味の異質さであることになる。

　レヴィナスは 31 年にフランス国籍を取得するが，大学教員とはならずにパリの「全イスラエル同盟」に職員として勤務する傍ら研究を進める。39 年にフランス軍兵士として従軍するもドイツ軍に捕まる。ユダヤ人ではあったが，幸い絶滅収容所ではなく捕虜収容所へ送られる。妻子は無事に匿われ生き延びたが，故郷カウナスのユダヤ人たちは親族一

---

[2] 元のタイトルは，『存在するとは別の仕方で　あるいは存在することの彼方へ』である。

同含めてナチスによって絶滅させられている。

　『全体性と無限』「序」では戦争と全体性の関係が語られ，74 年の第二の主著『存在の彼方へ』はナチスや反ユダヤ主義の犠牲者への献辞がフランス語とヘブライ語で綴られている。また『固有名』というブーバーやツェラン，デリダなどについて書かれた論文集の「序文」は，「二度の世界大戦，数多の局地戦争，国民社会主義，スターリニズム，さらにはスターリン批判，強制収容所，ガス室，核兵器庫，テロリズム，失業」（p.9/1），という列挙から始まる。このような具体的な世界状況において生きられた経験，これがレヴィナスにとっての事象となるのであれば，レヴィナスの哲学を特異なものと感じる感受性のほうがむしろ問われているとも言える。従来のギリシア的な語彙と発想に基づく西洋哲学[3]がレヴィナスの生活世界——同時にわれわれの現在でもあるはずだ——のあり方を捉えることができていないということでもある。レヴィナスの哲学が 70 年代後半以降に注目されはじめたのは，自分の置かれているこの状態に私たちも気づきはじめたためとも言えるだろう。

　ところで，レヴィナスの二つの主著のあいだには重要な論点を巡って考え方の違いが生じているが，以下では，数多い論点から，レヴィナスの中枢にある〈他〉の問題に絞り込むことにする。

---

[3] ハイデガーは，西洋哲学（形而上学）における「存在忘却」という主張が妥当する相手としてプラトン以降を考え，ソクラテス以前のギリシアの哲学者たちの存在の経験へと立ち戻り存在論を考え直すことから形而上学の克服を考えた。これに対して，レヴィナスは，そもそもギリシア的な考え方そのもの——真理を〈現前の可知性〉とする考え（カーニー，99）——とは「別の仕方で」，その外部に立とうとする。

2.『全体性と無限』における〈他〉

(1)〈同〉と〈他〉

　私たちは，何かを手に入れたとき，あるいは何かを理解したときにも，その対象や知識を（自分の）ものにした，と言う。このとき，私たちはその対象や知識を自分自身に取り込んで自分と同化している。他人についてもまた同じように，「あの人はああいう人だ」と自分のもっている枠にあてはめて理解してしまう。このような自己に同化する働き，すなわち自我のエゴイズム（自己中心性）を，レヴィナスは〈同〉と呼ぶ（TI, 8/49）。確かに，現象学の地平概念が示すように，対象はつねに見えない面があるという形で私たちを超越している。他人も「ああいう人」ではない面をしばしば見せる。しかし，それが見えるやいなや，また取り込んで同化してしまう。〈同〉は，「〈同〉と〈他〉を包含する一つの全体性の一部」（TI, 8/49）となっている。全体性とは，対象を「部分否定」し「私の支配下」に入れるという意味で「暴力」（"L'onto-logie", 21f./359）[4]であり，〈他〉を「抑圧ないし所有」（TI, 16/63）しようとする体制である。

　これに対してレヴィナスは，〈他〉が〈同〉に対して超越しているという側面から考える。特に，「絶対的に〈他なるもの〉とは，〈他人〉である」（TI, 9/50），ここを根本的な立脚点とする。これが同時に，存在論に対して倫理，道徳をより根本的な「第一哲学」（TI, 281/545）だとする主張とつながっている。

(2)顔

　レヴィナス哲学のキーワードの一つと言える「顔（visage）」は，同

---

[4] 元の文脈はハイデガーの「了解」への批判である。

化されることのない絶対的な他を示すために導入される語である。「〈他者〉が私の内なる〈他者〉の観念をはみ出しながら現前する様態を，私たちはまさしく顔と呼ぶ」（TI, 21/72）。他者は，私が「こうだ」と思っている枠からはみ出して現前してくる。つまり，他者を同化することによって捉えることはできないというだけではなく，どこまでも捉えられないという意味で，〈同〉という全体性の外部にあることをも示している。そこで，レヴィナスは他者と無限の観念とを関連づける（TI, 53/131）。絶対的な他のあり方が顔であり，「無限は絶対的に他なるもの」（TI, 20/69）である。よって，無限の観念は「顔のうちで啓示される」（TI, 125/266）ことになる。

（3）顔と倫理

　これがどうして倫理と関連するのか。手がかりとなっているのは，プラトン『国家』での次の言葉である。「〈善〉は実在とそのまま同じではなく，位においても力においても，その実在のさらにかなたに超越してある」[5]。この「かなたに超越」してあるという様態が顔の無限の様態と重ね合わされる。こうして，「〈他人〉の現前によって私の〔エゴイスト的な〕自発性が問いただされることを，私たちは倫理と呼ぶ」（TI, 13/58）。

　重要なのは，この問いただしが〈同〉の側からは起こってこないということである。〈同〉は，自分のあり方を自分で問うことができない。これは，〈同〉の立場に立つ西洋哲学は，その基礎としてきた主観性・主体性を自分では確立することができないということを意味する。倫理は外部から，同化できない異質な無限の観念として到来し，これを基礎にして主体ははじめて主体となる可能性が得られる。つまり，私が私で

5　『国家』509B/483。

138

あることの基礎は他者の現前，特に顔にあることになる（cf., TI, 153/316）。

ではこの顔はどのようにして現前するのか。まず顔の現前は，決して同化させること，たとえば意識化された表象などによって捉えられるものではない。顔は，知覚的な現れの彼方で現前する[6]。そして，現前する顔は，こちらが捉えて自発的・能動的に同化しようとする前に，顔が「自らを表出する〔＝表現する〕」（TI, 21/72）。何を表現しているか。「殺人を犯してはならない」（TI, 173/352）ということ，端的には「殺すな」ということを，である[7]。この表現は私に呼びかけ，命令し，強要する。顔と対面した私はこの呼びかけに応答しないわけにはいかない（無視することも応答する仕方の一つである）。顔の表現は「私の善性を呼び起こす」（TI, 174/354）のである。この呼びかけに「応答すること（répondre）」が，私の他者に対する「責任（responsabilité）」である。私の主体性は，この呼びかけに応答すること，責任に応えようとすることによって成立する。

さらに，責任は「引き受けられるに応じて増大していく」，つまり「無限」（TI, 222/439）だという。別の言い方をすれば，つねに「他者に対する義務のほうが優先する」（カーニー，115）のである。私という主体が成立する前に，すでに他者によって呼びかけられ問いただされる者として，私は私となっている。ということは，私が私であるならば，そのことによってすでに他者に応えてしまっており，他者への義務を優先していることになる。つまり，そのようなあり方をしていない私は，実は私ではないのである。

[6] このような顔をレヴィナスは，知覚の地平性（水平性）に対して，「垂直性及び直立性」（カーニー，108）と特徴づけている。
[7] レヴィナスは特に記してはいないが『旧約聖書』「出エジプト記」第20章に記されたモーセが神から与えられた十誡の一つである。

　顔が呼びかけるものであることは，「顔は語る，顔の現出はすでに言説（discours）」（TI, 37/105）である，ということをも意味し，これがレヴィナスの言語に対する考え方につながっていく[8]。というのも，言語は本質的に「呼びかけ」（TI, 41/111）であり，他人との関係が含まれているものだからである。私という〈同〉が，外部から顔＝言説によって呼びかけられることによって，〈同〉としての私という「自己から抜け出る」（TI, 9/51）ことができる。自己から抜け出るということは，とりもなおさず「〈他人〉を『存在させる』」（TI, 43/115）ことでもある。このようにして他者の「言説のうちで正面から接することを，私たちは正義と呼ぶ（TI, 42f./114f.)」。〈同〉を〈他〉へと開かせて〈他〉と接して対面し，「正義」を可能にしているのが，呼びかけである「言語という超越」（TI, 42/113）であることになる。言語は，私たちを〈同〉から抜け出させることによって私たち自身へと導くものであることから，「（師の）教え」（TI, 41/112）とも言われている。

　〈顔が語る〉ことが基礎となって，「理性の出現」（TI, 180/363）をもたらし，ひいては（言語的に構成されているのだから）哲学自身も含めた諸学の成立根拠ともなる。倫理が第一哲学だとされる理由の一端がここで確認できる。

---

[8] メルロ＝ポンティにおける「語ること（パロール）」は，制度化して硬直した言葉を乗り越えるという行為的な側面に重きが置かれていたが，ここでの言説（ディスクール）は，「演説」や「説教」など，やはり語ることではあるけれども，どちらかと言えば内容のほうが重視されている。

3.『存在の彼方へ』における〈他〉

（1）同のなかの他

　第二の主著とされる『存在の彼方へ』には五つのエピグラフが掲げられている。その一つは「『そこはおれが日向ぼっこする場所だ。』この言葉のうちに全地上における簒奪の始まりと縮図がある」，というパスカル『パンセ』の言葉である[9]。この言葉は，所有の問題以上に，私の存在の意味を問うている。『全体性と無限』においてすでに「責任」として考えられていた問題が，『存在の彼方へ』ではさらに深められる。

　『全体性と無限』では，〈同〉と〈他〉は原理的に交わることのないものとされ，絶対的な〈他〉である他人は顔，無限として現前し，私が私であるという〈同〉から私を言語によって抜け出させるものであった。『存在の彼方へ』においては，〈同〉と〈他〉の関係は「同のなかの他」（AE, 31/71）として捉え直される。

　なかと言われると『全体性と無限』の峻厳な区別はどうなったのか，と思われるだろう。しかし，『全体性と無限』においても，〈他〉が〈同〉に同化されることはないにしても，〈他〉が〈同〉に関わる形での言説を介した「ねじれ」（AE, 31/71）の関係はすでにあった。そのねじれをさらに突き詰めて，『存在の彼方へ』においては，〈同〉のなかに〈他〉がある，とされる。これは同化ではない。主体性は〈同〉のなかの〈他〉であり，ねじれとして「構造化される」（AE, 31/71）のである。先に，呼びかけ，命令に応答するという形での責任であったものが，より原初的な性格を帯びる。私は「他のための同，他による同」（AE, 86/169）となり，他人と入れ替わって「身代わり」（AE, 16/47）[10]

---

[9] ブランシュヴィック版295番の一部。
[10] 「身代わり」と訳されるsubstitutionは，通常の辞書的な意味としては，「置き

となるのだ，という。この身代わりが「主体の主体性そのもの」（AE,
16/47）であるから，主体は「代替不能な者」（AE, 146/266）となる。
他者に対する責任に応える形で他ならぬこの私が身代わりになる，とい
う点で代替不能なのである。してみれば，身代わりは「私の唯一性」を
「有意味なもの」（AE, 16/47）とすることでもある。このとき，私は
「他者のための一者」（AE, 6/27）[11] と呼ばれる。

（2）感受性と可傷性（傷つきやすさ）

　「他者のための一者」である主体が主体であるための源泉は「感受性
（sensibilité, 感じうること）」，「可傷性（vulnérabilité, 傷つきやすさ）」
（AE, 17/48）にあるとされる。レヴィナスの考える感受性は，単に知
覚の水準だけではなく，より根本的に，「他によって浸透された一者」
（AE, 64/128），つまり身代わりとなっている私という「自我の内なる
他人」（AE, 86/169）と関わるものとして捉えられている。身代わりと
なる他が私と同化することなく私に浸透しているこの次元は，「私が」
と言いうる能動的な場面ではなく，他と入れ替えられ他の身代わりと
なってしまっている受動的＝受難的な場面である。

　私において私の内なる他として顕わになる典型とされるのは，「皮膚
の裏面たる苦痛」（AE, 64/128）である。苦痛は，まずは「生ける人間
の身体性」（AE, 65/132）において感じられる。「覆いを剝がれて露出
し，自己を供与し，自らの皮膚のうちで苦しむ自己，自らの皮膚さえ自

　　換え，入れ替え」の意味である。これがメインテーマとなる『存在の彼方へ』第
　　四章では，エピグラフに「私が私であるとき，私はきみである」という詩人パウ
　　ル・ツェランの言葉が掲げられている（AE, 125/232）。
[11] 「ための（pour）」は，「〜に代わる」という意味もあり，よって「他者に代わる
　　一者」，つまり「身代わり」と同じ意味でもある。また，「一者」は，プラトンや
　　プロティノスを踏まえて使われ，存在の彼方の「善（性）」と関連づけられてい
　　る（cf.,AE, 121/227）。

己の所有物として有することなく，自らの皮膚のうちに痛みを抱えること」（AE, 66/132）というかなり具体的な様態で記述されている。これを感じることができる，というよりも，否応なく感じさせられてしまう在り方，「いかなる受動性よりも受動的な受動性」（AE, 64/192）が「感受性」の在り方である。

　このように叙述される苦痛は，いかにも「私」という〈同〉のものであるかのように思われる。しかし，この私は，私が身代わりとなっている他者なのであるから，そこには，「傷つきやすい〔可傷的な〕他者」（カーニー，113）がいるのである。

　苦痛は，自我や自己意識などに立脚した議論であれば，自他をまず区別したうえで，その区別を（どうにかして）越える「共感」や「感情移入」によって説明される。しかし，レヴィナスにおいては私に浸透した〈他〉の痛みが私の被る痛みとして，自他の区別がない様態で捉えられることになる。可傷性は，責任＝応答しうることよりもさらに根源的に，いよいよ応答しないことができないというあり方をもたらす。

　このような一者である私と〈他〉との関わり，つまり身代わりという様態はどのようなものか。ここに「コミュニケーション」（AE, 151/275）があるとは言いうるものの，双方向的で対称的なものではない。普通に考えれば，〈他の身代わりになっている一者〉というあり方は，世に存在するどの「私」のあり方でもあるはずであるから，私の目の前にいる他人の「私」がこの私の身代わりになっていてもおかしくはない。しかし，レヴィナスはこれを認めない。「他人もまた私に対して責任があるのでは？」という，常識的な問いに対してレヴィナスは「それはその他人にとっての問題」であり，その点で，「間主観的な関係は非対称的な関係」（EI, 94/124f.）なのだと答える。これは，他人からの応答を求めず期待することさえしないということである。応答を期待す

ること自体が，むしろ身代わりの意味を失わせてしまう。ここに互恵性はなく，一方向的でしかない。したがって，責任のあり方は，ここでもやはり「無限の責任」（AE, 159/286）となるのである。

（3）「語ること」と「語られたこと」

　責任という他者関係の問題は，『全体性と無限』においては言語の問題と関わっていた。この観点は，『存在の彼方へ』にあっても変わらない。責任の問題と「語ること」の問題は，能動的なものと思われるが，実はつねに「極度の受動性を，能動的引き受けなき受動性をかいま見るという逆説」（AE, 61/123）であり，同じ水準にある。

　この水準での「語ること」は，「受動性」であり「全面的な犠牲」（AE, 19/51）である。また，それは「言語に先立」（AE, 19/53）っており，「語られたことなき語ること」（AE, 33/73）である。わかりにくい点であるが，従来の存在の哲学と言語の関係を批判する次の箇所から，その内実を探ってみよう。

　これまで，哲学は「存在の彼方を見ること」（AE, 20/53）がなく，すべてを存在において捉えようとしてきた，そして，言語の基本的な特徴は，対象を「語られたこと」（すでに意味が定まって固定している既成の言語）の水準で同化して固定化する，という点にある。つまり，「語られたこと」と存在の問題は同じ水準の問題であることになる。ところで，哲学の言語は，「語り得ないものをも語」っているため，言語の使い方を誤っている。というのも，言語のこの特徴から，存在の彼方にある意味は，それが「話される寸前の状態にある」（AE, 87/171）にもかかわらず，「語られたこと」において明晰に存在している（ように思われる）意味内容のほうから「語ること」へと遡及され，語られる寸前にある意味を，語られたことのほうから同化し存在のなかに配置でき

144

る，と考えられているからである。「語られたこと」のもつ一種の回顧的錯誤が，一切を水平的な志向性の視野のもとに収めて存在させ，「語ること」を〈同〉のエゴイズムに取り込んでしまうのである（cf., AE, 20/53f.）。この逆行の結果として「語ること」の受動性そのものである傷つきやすさ（可傷性）もまた見失われてしまう。

レヴィナスは，このようなギリシア哲学に根ざした西洋哲学の考え方と語り方に対して，「存在するとは別の仕方」で，「存在することの彼方」から，「語られたことなき語ること」を対置して〈同〉の陥穽を突き破ろうと試みる。その試みが「他者のための一者」，「身代わり」という倫理となって現れたのである。

4. 倫理の意味

以上見てきたようなレヴィナスの倫理的な要求は，きわめて苛烈なもののように思われるであろう。実際，「他者のための一者」，「身代わり」という考えに即してみると，そこで示されている関係の非対称性と責任の無限な性格は重すぎると感じられるのももっともである[12]。とはいえ，レヴィナスの方法は，自身も「誇張」と言うように，概念をぎりぎりの強度まで高めて考察を進めるというものである。ちょうどデカルトが方法的懐疑において，悪霊を想定してまで懐疑を徹底的に進めた「誇張懐疑」と類比的な手続きと言ってもよい[13]。実際，レヴィナスの言う

---

[12] ここまでの議論で問題となっているのは，基本的には一人の他者としての「隣人」であった。ところが，「第三者」が議論のなかに現れ，複数の他者，すべての他者に対する責任が問題となり始める場面，つまり正義が問題となる場面では，責任の無限性は有限となり「自己への配慮」（AE, 165/295）が取り上げられることになる。ただ，これは「別のテーマ」（AE, 165/295）だとされており，議論の水準も変わるため，ここでは取り上げない。これについては，佐藤義之『レヴィナス』第10章が詳細な検討を行っているので，ご参看されたい。なお，同書には，最終章にケアの倫理に関わる重要な検討が含まれている。

[13] 村上靖彦は，誇張が精神病理学の議論と結びつくことを指摘し（『レヴィナス』，

倫理的な関係がユートピア的なもの（どこにも存在しない，存在の彼方にあるもの）ではないかという問いに対して，彼は次のように答えている。

　　　ユートピア的であるにもかかわらず，その関係は他者に対して寛容なもしくは善意にあふれた，われわれの日常的諸行為に伴いうる（略）。たとえば，食卓についたり，あるいはドアを出たり入ったりするような場合に，「お先にどうぞ」と声をかけるようなことでも倫理的なものの証しになるのです。（カーニー，124f.）

　極限まで突き詰めて考えられた倫理から振り返って見るとき，第一哲学としての倫理は，単に学問的な水準での問題地平ではなく，私たちの生の基底から立ち上げられた学のあり方を呈示してくるものと見ることができる。その点で，フッサールが晩年に捉えていた「学問の危機」という状況に対して，レヴィナスは一つの回答を与えているとも言うことができるだろう。

125f.），『存在の彼方へ』を一種の「治癒論」として読むことを提案している（ib., 156）。この観点からすると，誇張はデカルトのような仮構ではなく，人間の一つの（極限的な）あり方を示すための方法となる。

10 | 現象学の看護における展開(1)
：ベナーの現象学的人間観

榊原哲也

《目標＆ポイント》 看護学において現象学が注目されるようになった事情を理解するとともに，ベナーの現象学的人間観の「身体化した知性」「背景的意味」「気づかい／関心」という三つのポイントを理解する。
《キーワード》 疾患と病い，ベナー，現象学的人間観，身体化した知性，背景的意味，気づかい／関心

　本書『現代に生きる現象学——意味・身体・ケア』では，今日の現象学の多様な展開のなかでも看護を中心としたケアの営みに関する現象学的研究——「ケアの現象学」——に注目し，現代における「ケアの現象学」の展開に至るまでの現象学の歩みを明らかにすることを目指してきた。そのため，私たちはこれまで，創始者フッサールにおける現象学の成り立ちから，その後のドイツおよびフランスでの現象学の多様な展開を辿ってきたのである。

　第9章で概説されたレヴィナスにおいて，現象学の思考は一つの極限に達したようにも思われるが，本章以降はいよいよ，現代の看護理論や看護研究の方法論において，現象学がどのように生かされているのかを明らかにしていく。まずは本章と次章にわたって，看護理論において現象学がどのように生かされているのかを明らかにしていきたい。

1. 看護学における現象学

　看護学において現象学という哲学が注目されるようになったのは，1970年代の英語圏においてである。看護学が学問として独立し，学術

研究が盛んになるなか，病いを患う患者や患者をケアする看護師の「生きられた経験」を，その当事者の視点から記述し理解しようとする方法として，現象学という哲学に期待が寄せられたのである。特にアメリカでは，ジオルジを中心とするデュケイン学派のようなフッサール流の「記述的現象学」を方法論とする研究，ハイデガー流の「解釈的現象学」に依拠する研究，さらに両者を組み合わせたヴァン・マネンなどの「オランダ学派」の方法論による研究など，多様な展開が見られるが[1]，本書では，なかでもとりわけ卓越したものとして，「解釈的現象学」の流れに属するベナー（Patricia Benner, 1942-）の看護理論に注目し，現象学が彼女の看護理論においてどのように生かされているのかを考察することにしたい。

　ベナーは，アメリカの現象学者ヒューバート・ドレイファス（Hubert L. Dreyfus, 1929-2017）が弟のスチュアートとともに開発した技能習得に関する 5 段階のドレイファス・モデルを看護実践に適用し，これを看護キャリアの 5 段階として描き出した単著『初心者から達人へ』（初版 1984 年）（＝NE）によって，世界的に著名な看護理論家だが，彼女が現象学に依拠した看護理論を体系的に展開したのは，ルーベル（Judith Wrubel）との共著『気遣いの第一義性』（1989 年）（＝PC）（以下，邦訳名の『現象学的人間論と看護』と表記）においてである。ベナーらは，ドレイファスからハイデガーおよびメルロ=ポンティの現象学を学び，ドレイファスの現象学解釈に依拠しつつ本書において「現象学的人間観」を提示し，さらにそれに基づいて現象学的看護理論を展開している。そこでまず，『現象学的人間論と看護』において提示された「現象学的人間観」について見ていくことにしたい[2]。

---

[1] Cohen & Omery (1994), 136-156, esp. 149ff.；Thomas & Pollio (2002), 10-11/23-24.
[2] 以下，本章と次章の論述は主に，榊原哲也（2020 年 a）をもとにしたものである。

2. なぜ現象学なのか——疾患と病い

　まず確認しなければならないのは，ベナーらが，そもそもなぜ「現象学」を看護理論に表立って導入しようとしたのかということである。彼女らによれば，それは，「細胞・組織・器官レベルでの失調の現れ」としての「疾患（disease）」に対して，疾患によって生じる「〔能力の〕喪失や機能不全をめぐる人間的経験」としての「病い（illness）」に着目し，病いへの「対処（coping）」として看護実践を捉えようとしたからである（PC, xii/ix, 8f./10f.）。「疾患」は医学的・生理学的検査で得られる量的データを通じて捉えられ，医師によって診断され，「治療（cure）」が施されるものと考えてよいが，「病い」のほうは，疾患が本人の置かれた状況や本人の抱く関心に応じて特定の意味を帯びて経験される意味経験なので，医学的・生理学的に量的に理解することはできず，したがって，医学的に「治療」することもできない。「病い」は，本書第1章第1節(2)で述べた「意味」概念に照らせば，「ある方向への動きが妨げられる」意味経験にほかならないが，ベナーらによれば，「病い」は疾患と異なり，うまく「対処」して乗り切っていくしかないものであり，その対処の手助けをするところにこそ，「看護」の本領がある（PC, 61-62/68-69）。しかし，病いという「ストレス」経験にうまく「対処」するためには，まずもって患者の「病い」という意味経験を理解しようと努めなければならない。ここに，本書がその展開を追ってきた「現象学」という哲学——意味経験の成り立ちを，意識や身体の志向性の働きや人間の根本的な在り方にまで遡って理解しようとしてきた「現象学」という哲学——が要請されたのだと考えられる。

　「疾患」の理解と「病い」の経験の相違ということであれば，フッサールによって明らかにされた自然科学的態度と自然的態度という意識

の態度の相違という観点から，認識論的にアプローチしていくことも十分に可能であっただろう。実際，そのような研究も存在し，トゥームズ『病いの意味』[3]がその代表例である。けれども，ベナーらは，フッサールの認識論的な現象学に対してハイデガーの存在論的な現象学を高く評価するドレイファスとの研究交流を通じて，主としてハイデガーの（またそれに加えてメルロ゠ポンティの）存在論的な現象学に注目した[4]。彼女らは，まさに「病い」という意味経験の成り立ちを理解するために，そしてその理解に基づいて看護の営みを考えるために，ハイデガーとメルロ゠ポンティの現象学のドレイファスによる解釈を，人間存在論として取り入れた[5]。現象学的に見て人間は然々(しかじか)の在り方をしているからこ

---

[3] Toombs（1992）.

[4] 「認識論的」と「存在論的」との対比について，あらためて一言注記しておく。大まかに言えば，「認識論」とは，物事や人々から成る世界がいかにして，またどこまで理解され認識されるのかを問う哲学の一部門であり，「存在論」とは，物事や人々から成る世界がどのような在り方をしているのか，そもそも存在とは何かなどを問う哲学の一部門である。認識論と存在論というこの区別に従えば，第 1〜2 章で取り上げたフッサールは，いかなる仕方で世界が意味を帯びて意識に現象し認識されるのかを明らかにしようとして，〈世界が現象する場としての意識〉への現象学的還元を遂行したうえで，この意識の志向性の働きを解明する現象学的認識論を展開したと言えるし，他方，第 3〜4 章のハイデガーや第 6〜8 章のメルロ゠ポンティは，意味を帯びた世界を現象せしめている人間の気遣いや身体の在り方を解明して意味現象の成り立ちを明らかにする現象学的存在論を展開したと見ることができる。

[5] ベナーらは，『現象学的人間論と看護』を執筆するにあたって，ドレイファスの「講義や指導や著作」から多くを学んだと述べている（cf. PC xvi/xiv）。このドレイファスの講義や指導の内容には，残念ながら私たちは直接アクセスできないが，ベナーらが学んだドレイファスのハイデガー解釈は，『現象学的人間論と看護』の原著出版後に，Dreyfus（1991）という一冊のコメンタリー（以下，『世界内存在』と表記）にまとめられて公刊された。したがって，この『世界内存在』を繙けば，ベナーらがドレイファスを通じて，ハイデガーの何をどのように学んだのかは，おおよそ推察可能である。本書ではこのことを前提に，考察を進める。『世界内存在』からの引用は，BW という略号のあと，原著のページ数と邦訳のページ数をスラッシュで挟んで指示する。

そ，疾患を病いとして経験するのだ，という仕方で，「病い」という意味経験の成り立ちを存在論的に理解しようとしたのである。

3．ベナーらの現象学的人間観

　ベナーらが『現象学的人間論と看護』で提示している現象学的人間観は，まず人間を「自己解釈する存在」として捉えたうえで，「身体化した知性」「背景的意味」「気づかい／関心」「状況」「時間性」という五つのポイントから捉えるものだと理解しうる。そこで，まず人間を「自己解釈する存在」として捉える大枠を確認したあと，五つのポイントの概要を一つひとつまとめつつ，ドレイファスの解釈を通じてベナーらがハイデガー，メルロ=ポンティの現象学をどのように受容したのかを明らかにしていきたい。

（1）自己解釈する存在としての人間
　ベナーらは，『現象学的人間論と看護』において「現象学的人間観」を導入する際に，「ハイデガーによって提案された現象学的人間観」に依拠することを明言している（PC, 41/46f.）。それは，「自己解釈する存在（a self-interpreting being）」としての人間という捉え方である。ベナーらはこれを，「予め決められた姿で世界に参入するのではなく，人生を生きていくなかで自分の在り方を規定されていく」存在として人間を捉える見方であると述べているが（PC, 41/47），「自己解釈する存在」としての人間というこの人間観は，ハイデガーの『存在と時間』から直接得られたというより，ドレイファスのハイデガー解釈から得られたものである。ドレイファスは実際，『世界内存在』のなかで，「人間は本質上，端的に自己解釈しつつある者である（Human being is essentially simply self-interpreting）」（BW, 23/25f.）と明確に述べている。ベナー

らは，「自己解釈する存在」としての人間という「現象学的人間観」の大枠を，このようなドレイファスのハイデガー解釈から学びつつ，さらにハイデガーのみならずメルロ=ポンティの現象学をもドレイファスから学びながら，自己解釈する存在としての人間を見る際の，五つのポイントを提示していった。紙幅の制限のため，以下，本章では三つ目の「気づかい／関心」までを順に見ていきたい。

（2）身体化した知性

　ベナーらが述べる現象学的人間観の第一のポイントは，私たち人間がデカルトの想定したような心と身体とに分断された二元的実在ではなく，「心身の統合された存在」（PC, 43/49）であるということ，私たちが「身体化した知性（embodied intelligence）」（PC, 42/48）として存在しているということである。私たちは，慣れ親しんだ顔や事物を認知したり，意識的に注意しなくても姿勢を維持したり身体を動かしたりする場合のように，自分にとっての状況の意味を特に努力したり意識したりせずに直接素早く摑む能力をもっているが，まさにそれは，ベナーらによれば，「身体化した知性」のおかげである。また，たとえばパソコンのキーボードをブラインドで打つ技能や，達人看護師が患者に注射したり採血したりするときの技能も，「身体化した知性」の能力によるものである。人間は「身体化した知性」として「意味を帯びた状況に反応するという存在論的能力」を具えた存在であり（PC, 43-45/49-51；cf. also PC, 70ff./79ff.），私たちはまず「生得的複合体（inborn complex）」（PC, 70f./79f.）として「生まれつき身体に具わった世界内存在の能力」（PC, 44/50）をもってこの世界に生き始め，次いで「身体が文化的意味と道具使用と熟練行動を習得していく」（PC 44/50）という仕方で「文化的な習慣的身体（cultural habitual body）」（PC 45/51），「熟練技能を

具えた習慣的身体（habitual, skilled body）」（cf. PC 71-74/80-83）の能力を形成しつつ生きていく――そうした心身統合的な存在である。

　ここで重要なのは，この「身体化した知性」は，普段うまく機能しているときには意識されない，ということである（cf. PC, 43/49）。生まれながらの「生得的複合体」としての身体の能力や，誕生後に文化的・社会的に習得された「習慣的身体」の能力は，日常生活を円滑に営んでいく土台になっているが，生活が円滑に営まれているあいだは，そのつどの関心事に注意が向かうため，生活の営みを支えているこれらの能力にはとりたてて注意が向かわない。しかし，疾患によって身体化した知性が何らかの仕方で損なわれると，生活の円滑な営みが破綻し，「○○ができなくなった」という仕方で身体とその能力が意識化される。そしてそれに伴って，当の疾患が，自分にとって大事な「○○ができなくなった」辛い「病い」として経験されるのである。

　「身体化した知性」は，上述のように，「意味を帯びた状況に反応する存在論的能力」であるが，この「身体の存在論的能力」について，ベナーらは，メルロ=ポンティの著作に関するドレイファスの講義から学んだと明言している（cf. PC, 70/79）。私たちは，第6〜7章において「身体」の在り方に関するメルロ=ポンティの思想を学んだが，「身体化した知性」というこの第一の視点は，「身体」の在り方に関するメルロ=ポンティの思想のドレイファスによる解釈から受容され，提示されたのである。

（3）背景的意味

　ベナーらの現象学的人間観の第二のポイントは，私たちが「意味（meanings）」のなかで育てられ，世界をそうした「意味」に照らして理解する存在であるということである（PC, 42/48）。デカルト的な主観

／客観の図式から見ると，「意味」は主観的なもの，プライベートなものであり，当人にしか近づけないが，ベナーらは「ハイデガー」に準拠して（cf. PC, 42/48, 46/52），私たちが，主観的なものでもなければ，かといって客観的に命題の形で述べられることもできないような「背景的意味（background meaning）」のうちで生きている，と主張する（PC, 45f./52）。「背景的意味」とは，「何が存在するかに関する人々に共有された公共的理解」であり，「文化によって人に誕生のときから与えられ，その人にとって何が現実（real）と見なされるかを決定するもの」である（PC, 46/52）。それは「意識的反省」によって捉えようとしても完全には捉えられないが（cf. PC, 46, 47/52, 53），人間は「身体化した知性」として存在しているがゆえに，いまだ「反省的意識」をもたぬ「誕生のときから」「背景的意味」を身につけていくことができる（PC, 46/52）。そして背景的意味は「身体のうちに取り込まれることによって，日々の生活を円滑に営んでいく土台になっている」のである（PC, 47/53）。

　なお，背景的意味は，各人にとっては，「自分の属する文化，サブカルチャー，家族を通じて与えられる」ので，国や地域，職業や世代によって，また家族ごとにも異なるし，しかもそれらの取り入れられ方は「各人各様」であるので，その結果，各人にとっての背景的意味と「文化的な背景的意味」とのあいだにはズレが生じる（cf. PC 46/53）。さらに，「人々がある文化のなかで背景的意味を生き抜くにつれて，当の背景的意味は変容され，新たな形態を取り入れていく」ため，それは決して「完成し，出来上がってしまうことがない」（PC, 47/53）。私たち人間は，そのような背景的意味のなかで育てられ，それを取り込み，それを生き抜いている存在として，捉えられるのである。

　ところで，ベナーらはこの「背景的意味」という視点を，上述のよう

に「ハイデガー」に準拠したものとしている。しかし，ハイデガーの『存在と時間』には「背景的意味」という概念はそのままの形では見出されない。同書では，「意味（Sinn）」という概念は――本書第3章第2節の注で述べたように――「それに基づいて何かが何かとして了解可能になる，企投の向かう先」（SZ, 151：§32）あるいは「存在を了解する際の第一次的企投の向かう先」（SZ, 324：§65）として規定されているが，これがベナーらの「背景的意味」とそのまま合致するようにも思われない。

　しかし，『存在と時間』におけるこの「意味」を，ドレイファスは『世界内存在』において，「理解可能性の背景（background of intelligibility）」として捉え（BW, 221f./254f.），「それを基礎としてあらゆる活動および対象が理解可能となり意味を成すような背景的慣習（background practices）」であると解説している（BW, 223/257）。ベナーらは，「理解可能性の背景」「背景的慣習」としての「意味」という，こうしたドレイファスのハイデガー解釈を学んで，「背景的意味」という現象学的人間観の第二の視点を形成したものと思われる。

（4）気づかい／関心
現象学的人間観の鍵となる特性

　現象学的人間観の第三のポイントは，私たち人間が「気づかう能力（capacity to care）」をもち，つねに何か・誰かを「気づかう（care）」という仕方で存在しているということである（PC, 42/48）。私たちはつねに何らかの物事や人々が「気にかかり・大事に思われる（matter）」存在であるがゆえに，その「関心事（concerns）」に「巻き込まれつつ関わり（involved in）」自分の在りようを規定される（PC, 42/48, 47/54）。ベナーらはこのような〈何か・誰かが気にかかり・大事に思わ

れてそれに巻き込まれ世界に関与する在り方〉を，「ハイデガー」に倣って（cf. PC, 47f./54f.）「気づかい（caring/care）」（PC, 1/1）ないし「関心（concern）」（PC, 47/54）と呼び，これを「現象学的人間観の鍵となる特性」（PC, 48/55）として位置づける。人間がそもそもつねに〈気づかい／関心〉という在り方をしているがゆえに，世界には自分にとっての重要度という点で，そのつど，大事なことがらとそうでもないことがら，全くどうでもよいことがらといった意味の濃淡の差が生じるのである（cf. PC, 1/1）。

　「疾患」が意味を帯びた「病い」として経験されるのも，患者の〈気づかい／関心〉の在り方と密接に関係している。というのも，その人にとって気にかかり・きわめて大事に思われている関心事が，疾患によって妨げられた場合，その疾患はまさに，「人生の大事な計画が頓挫し，大切な人間関係が破綻する」ような辛い「病い」として経験されるはずだからである（cf. PC, 9/11）。

ベナーらとハイデガーとのズレ

　ベナーらは，以上のような〈気づかい／関心〉という視点が「ハイデガー」に由来することを明言している。しかし，ベナーらの〈気づかい／関心〉とハイデガーの「気遣い（Sorge）」概念とのあいだには，見逃すことのできないズレがある。ベナーらは，『存在と時間』の英訳[6]を文献表に挙げて参照しているが，そこでは「気づかい（care）」はなるほど「気遣い（Sorge）」の訳語であるが，「関心（concern）」のほうは，道具への「配慮的気遣い（Besorgen）」の訳語である。また，何か・誰かが「気にかかり・大事に思われること（mattering）」と，その関心事に「巻き込まれつつ関わること（involvement）」という，ベナーらの〈気づかい／関心〉概念を特徴づける二つの契機も，ハイデ

---

[6] Heidegger（1962）.

ガーの「気遣い」概念の本質的規定であるとは言い難い。実はここにも，ドレイファスのハイデガー解釈が介在していると考えられる。

何かが気にかかり・大事に思われるということ

ドレイファスの『世界内存在』では，何かが「気にかかり・大事に思われる（mattering）」という現存在の在り方を示す概念は，Angänglichkeit〔世界のほうから働きかけられること〕の訳語として，「気分」を存在論的に捉えたハイデガーの「情状性（Befindlichkeit）」概念を説明する際に用いられている。情状性とは，「物事や選択がすでに気にかかり・大事に思われている何らかの状況のうちに〔自分が〕見出されている」在り方を指す（BW, 168/193f.）。現存在が「情状性」という存在論的・実存論的構造をもつからこそ，現存在にとって「物事がつねにすでに気にかかり・大事に思われる（things always already matter）」のであり，かくして現存在はつねに気分づけられて存在するのである（BW, 169/195）。

ベナーらにとってはおそらく，日常生活のなかでそのつど経験される物事や，それに対して自分がどう行為するか，何を選択するかといったことがそのつど「気にかかり・大事に思われて」気分づけられている在り方が「情状性」であるというドレイファスの解釈が，患者が何かを気にかけて病んだり，看護師にとって患者のことがどうしても気にかかってしまったりという，まさに彼女たち自身が経験してきた人間の在り方や看護の在り方と重なったことであろう。ベナーらは，彼女たちが経験し研究してきた看護という事象，看護師としての経験に即して，何かが「気にかかり・大事に思われる」という在り方を〈気づかい／関心〉の本質的規定として受容したのだと思われる。

巻き込まれつつ関わること

ベナーらの〈気づかい／関心〉のもう一方の本質的規定「巻き込まれ

つつ関わること（involvement）」については，次のように考えられる。

"involvement" は，ベナーらが参照している『存在と時間』の英訳では，「適所性（Bewandtnis）」の訳語である。しかし，ドレイファスは『世界内存在』において，個々の道具が道具連関のうちで何かをするための何かとして適所を得ているという，道具の存在の仕方を表すハイデガー本来の意味においてだけでなく，適所を得ているそうした道具を現存在が適切に用いて実践的にふるまう在り方や，さらに関心のあるものごとに実存的に「巻き込まれつつ関わる在り方（being involved）」をも，同じ "involvement" という概念で捉えようとした（cf. BW, 41-43/44-47）（ちなみに後者の用法の場合，邦訳では「適所的参与」と訳し分けられている）。実はこの，適所を得ている道具に関わる現存在の適切な在り方・ふるまいとしての「適所的参与」という，ドレイファスがハイデガーの「適所性」の英訳 "involvement" に加えた独自の解釈を，ベナーらは受容したうえでさらに「少し敷衍して」，involvementという概念を「人が状況に巻き込まれつつ関わること」一般に——したがって「看護師が看護のさまざまな状況に巻き込まれつつ患者に関わること」にも——拡大して理解した（cf. PC, 82/93）。すでにベナーは，『現象学的人間論と看護』に先立つ単著『初心者から達人へ』において，達人看護師たちへのインタビューや参与観察を通じて，「巻き込まれつつ関わる在り方をすることで（by *being* involved），看護師たちは，自分自身の対処の力と，患者，家族，そして状況から与えられる資源とを，〔巻き込まれずに距離を置いた場合よりも〕いっそう十分に引き出すことができた」という仮説を立て（NE, 164/142），「達人の実践には，ある水準の積極的な関与と巻き込まれながらの関わり（a certain level of commitment and involvement）が必要だ」と結論づけていたが（NE, 164/142），ベナーらは，こうした看護実践という事象そのもののほうか

ら，ドレイファス独自の involvement という概念を，看護師の患者や家族，状況への関わりをも表すものとして理解していったのである。

関心と気づかい

　以上を踏まえると，ベナーらが，「関心（concern）」という概念をなぜ「気づかい（care/caring）」とほぼ同義に用いているのかも理解できるようになる。"concern" はもともと，道具を用意したり使用したりする際の気遣いを表すハイデガーの「配慮的気遣い（Besorgen）」の訳語であり，ドレイファスにおいてもこの点に変わりはない。道具への「配慮的気遣い（Besorgen/concern）」において道具への「適所的参与（involvement）」が生起するのである。

　ところが上述のように，ベナーらは，ドレイファスの「適所的参与（involvement）」を，患者や家族に巻き込まれつつ関わるふるまいも含めた，広い意味での「巻き込まれつつ関わること（involvement）」として理解した。とすれば，そのような「巻き込まれつつ関わること」を支えつつ生起させる「関心（concern）」も，物事にせよ人々にせよ出来事にせよ，それらに巻き込まれつつ関わることを支えつつ，これを生起させる現存在の在り方の総称としての「気づかい（care）」とほぼ変わらないものとなってくる。こうして，〈何か・誰かが気にかかり・大事に思われてそれに巻き込まれ世界に関与する在り方〉というベナーら独自の〈気づかい／関心〉概念が成り立ったのだと考えられる。これは，平均的日常性における道具への関心と関わりの在り方に関するドレイファスの解釈を，ベナーらが看護という事象に即して，患者や家族への気づかいを明らかにするものとして受容したことを，意味しているだろう。

他者への「関心」の二つの型

　なお，ベナーらはハイデガー『存在と時間』の英訳[7]を引用しつつ，さらに他者への「関心」の二つの型についても言及している（PC, 48f./55f.）。ハイデガー『存在と時間』の当該箇所は，本書第４章冒頭で詳しく取り上げた，他者への「顧慮的気遣い」の「二つの極端な可能性」が述べられている箇所であるが，ベナーらは，二つのうちの一方を「看護ケアの関わりにおける究極の目標」（PC, 49/56）と位置づけているので，ここでこれら二つの型についても，解説しておこう。

　他者への関心の型の一つは，「他者に代わってその人が自分で気づかうべきことがら」のなかに跳び込み，それを「引き受ける」ような種類の「顧慮的気遣い（solicitude）」である。たとえば患者の疾患が重篤で人の助けが不可欠な場合，「跳び込んで」引き受けるしか選択の余地はない。しかし，この種の「引き受け」は，看護する側かされる側のいずれかが原因で，「必要な一線を越えてしまいがち」であり，そうするとそれは「支配と依存の関係」，さらには「抑圧」にさえ容易に転化してしまう。しかもそうした支配は微妙なので，「巻き込まれている当事者たちにとっても気づかれにくい」とされている。

　もう一方の型は，「他者の抱く『気づかい』を取り去るためではなく，むしろその気づかいをその人に本来的に与え返すために」，「他者の『前方に跳ぶ』」ような種類の他者への「顧慮的気遣い」である。ベナーらはこの顧慮的気遣いを，「他者がこう在りたいと思っている在り方でいられるよう，その人に力を与える」ような関係であると受け止める。そして，これこそ「看護ケアの関わりにおける究極の目標」であると指摘するのである（以上 PC, 48f./55f.）。

　ドレイファスの『世界内存在』においては，ハイデガー『存在と時

---

[7] Heidegger（1962), 158-159.

間』のこの箇所に関するコメントは存在しない。しかし，看護という事象を見つめるベナーらにとっては，他者への気づかい／関心の在り方はまさに関心の的であり，ハイデガーが「病気の身体の看護」[8]を一例に挙げつつ他者への顧慮的気遣いの在り方を記述した当該箇所は，彼女たちが経験し研究してきた看護の営みと重なって見えたことであろう。こうしてベナーらは，「他者の実存に本質的に関係する」[9]第二の種類の顧慮的気遣いを，看護という事象に即して，「他者がこう在りたいと思っている在り方でいられるよう，その人に力を与える」気づかいとして理解し，これを「看護ケアの関わりにおける究極の目標」として位置づけたのだと推察される。

　ただ，興味深いことに，ベナーらは，——死へと先駆することのない平均的日常性における現存在を扱った『存在と時間』第一部第一篇に限定して独自の解釈を行ったドレイファスからハイデガーに関する基本を学んだからであろうが——第二の種類の顧慮的気遣いを，英訳にしたがって，「他者の『前方に跳ぶ』（"leap ahead" of the Other）」ような種類の気づかいとして紹介しつつも，（ハイデガーの論述においては含意されていた）「他者の本来的気遣い」すなわち他者の先駆的決意性に関係するという要素——〈先に自分の死へと先駆して決意した現存在が，自分自身の姿を相手に手本として見せ，そのことで，その他者もまた自分で自分の死へと先駆して決意し，自己を本来的に気遣えるようにする〉という要素——を含み込んで理解してはいない。あくまで，「他者の実存」すなわち患者の「こう在りたいと思う」気づかいを軸にして，それを擁護し，支援し，促進しようとする気づかいとして，言い換えれば患者を導くのではなく患者に寄り添う気づかいとして，第二のタ

---

[8] Heidegger (1962), 158 ; SZ, 121.
[9] Heidegger (1962), 159.

イプの顧慮的気遣いを捉えているのである。

　以上，ベナーらの現象学的人間観の五つのポイントのうち，三つを見
てきた。残り二つは次章で解説することにしたい。

11 | 現象学の看護における展開(2)：ベナーの現象学的人間観(つづき)と現象学的看護理論

榊原哲也

《**目標＆ポイント**》 ベナーの現象学的人間観の「状況」「時間性」という二つのポイントを理解するとともに，ベナーが「現象学的人間観」に基づいて，どのような看護理論を展開しているのかを理解する。
《**キーワード**》 状況，時間性，気づかいの第一義性，安らぎ

前章では，現象学の看護における展開（1）として，アメリカで現象学に依拠した卓越した看護理論を展開したベナーに注目し，ルーベルとの共著『現象学的人間論と看護』において，彼女らの看護理論の前提となる「現象学的人間観」がどのようなものであるのかを見た。ベナーらは，ハイデガーとメルロ＝ポンティの現象学を独自の仕方で解釈したドレイファスの現象学解釈を看護という事象に即しつつ受容し，人間の存在の仕方を「身体化した知性」「背景的意味」「気づかい／関心」「状況」「時間性」という五つのポイントにまとめた。前章では三つ目の「気づかい／関心」までその内実を解説したのである。

本章ではまず，残る二つのポイント「状況」「時間性」について，その内実を確認する。そのうえで，「現象学的人間観」に基づいて，ベナーらがどのような看護理論を展開しているのかを明らかにしたい。

1. ベナーらの現象学的人間観（つづき）

（1）状況

ベナーらの現象学的人間観の第四のポイントは，人間が身体化した知

性としてさまざまな背景的意味を身につけ，これらに基づいて〈気づかい／関心〉という在り方をしていることによって，つねに現実世界の「何らかのコンテクストに巻き込まれつつ関わる（involved in a context)」こととなり（PC, 49/56)，そうした関わりを，「自己にとっての意味」を帯びた「状況（situation)」（PC, 49/56）として，「感情」を伴った仕方で直接的に経験する存在であるということである（cf. PC, 96/111；169f./188)。「気づかい」によって私たちは「世界に巻き込まれつつ関わる」ことになるのであるから（PC, 42/54)，私たちはデカルト的二元論が想定するような「すべての意味の源泉」である「自存的な主観」などではなく，「巻き込まれるという仕方で自分の世界に住まい」，「世界によって自分の在りようを規定される」存在だと言わなければならない（PC, 49/56)。「状況」そのものに「私たちを関与させ，私たちの在りようを構成する力」があるのであり（PC, 42/48)，そのような状況をそのつど生き抜いている人間の「身体化した知性が発する言葉」が「感情」となって現れるのである（PC, 96/111)。

　人間はこのように，身体化した知性と背景的意味と，とりわけ〈気づかい／関心〉という在り方によって，そのつど現実世界の何らかのコンテクストに巻き込まれつつ関わり，それを自己にとっての意味を帯びた「状況」として経験するのであるから，私たちは「あらゆる行為をいつでも自由に選択できる」「根源的自由」（PC, 54/61）をもつ主観ではありえない。人間はむしろつねに何らかの状況のなかで，「状況づけられた自由（situated freedom)」（PC, 54/61）しかもたない存在であり，つねに「状況づけられた可能性（situated possibility)」（PC, 24/30）を生きているのである。

　ハイデガー『存在と時間』においては，「状況（Situation)」という概念は，「決意性においてそのつど開示された現」として捉えられていた

(SZ, 299：§60)。「世人に対しては，状況は本質上閉鎖されて」おり
(SZ, 300：§60)，あくまで死へと先駆し決意した本来的な現存在が自ら
を現にそこに見出し，身を置いている場が「状況」なのであった。これ
に対して，平均的日常性にとどまりつつ『存在と時間』を解釈するドレ
イファスは，「状況（situation）」を，「各々の現存在の現」として，し
かし「原則的に他者たちとともに共有されうる」ものとして捉え直した
(BW, 165/189-190)。これに伴い，現存在は，日常性においてそのつど
つねにすでに「物事」や「行為の仕方」や「選択」が「気にかかり大事
に思われている（matter）」ような「状況」のうちに自らを見出す者と
して（BW, 168/193-194），しかもそうした「状況」において，「公共
的」な「文化的感受性」のもとで「個人的」にそのつど「気分
（mood）」づけられている存在として捉え直されるのである（BW,
168-169/194-195）。しかも，ドレイファスによれば，現存在に可能なの
は，そうした「状況のうちで実際に開かれている諸活動」のみである。
「現存在の可能性」とは，「どんな場合であれ特定の状況において開かれ
ている実存論的な可能性」であり，「そのつどの状況における活動範囲」
における可能性である（BW, 189-190/218-219）。ベナーらは，ドレイ
ファスによるこのような解釈から「状況」という概念，「状況づけられ
た可能性」という考え方を受容したものと考えられる。

（２）時間性

　ベナーらの現象学的人間観の第五のポイントは，「時間性」であると
見なすことができる。これまで述べてきたところによれば，人間は，
「身体化した知性」として「意味の世界」の内で育まれ，「関心」をもつ
ことで「状況」に巻き込まれて，この状況を「自分にとっての意味とい
う観点から」直接的に把握しつつ生きている存在であるが，ベナーらは

こうした人間存在の根幹を，「ハイデガー」に倣って「時間性（tem-porality）」としているからである（PC, 112/124）。

「時間性」とは，ベナーらによれば，「単なる時間の経過」（PC, 112/124）や「線形をなす瞬間の継起」（PC, 64/71）ではなく，また「通時的に配列された一連の出来事」（PC, 112/124）でもなく，「過去の経験と先取りされた未来によって意味を帯びた現在のうちに錨を下ろしている〔人間の〕在り方」（PC, 112/124）を意味している。「現在の瞬間には，過去の体験についての自分なりの理解が注ぎ込まれており，そのため現在の瞬間は，その人の人生の過去の瞬間すべてと結びついている。そして過去と現在のこうした意味的結びつきによって，未来のさまざまな可能性が立ち現れてくる」のである（PC, 112/124）。「時間」はそれゆえ，意味の連関としての「物語（story）」を作り出す（PC, 64/72）。「人間」はこのように，「過去から影響を受けつつ現在のうちに実存し，未来のうちへと企『投』されている」（PC, 64/72），物語を紡ぎつつ生きる存在である。したがって，どのような過去をどのように引き受けているかによって，またどのような未来をどのように企投しているかによって，日常生活のなかでの物事や人々の意味は変わってくる。疾患による「病い」の意味や，自らの人生の意味も変わってくるのである。

たとえば，過去に重い疾患を患ったことのある人とない人では，過去の経験が異なるゆえに，「疾患からの回復の過程」に対する受け止め方は異なったものとなるであろうし（cf. PC, 66/75），重い疾患に罹ったことによって，過去が見直されてその意味が捉え直されたり，企投される未来が変化したりすることもある。たとえば，がんや心血管疾患に罹ったことによって，「自分の人生を広範に見直し，過去について改めて思いをめぐらし」（cf. PC, 64/72），そのことによって，それまで冷え切っていた夫婦関係が改善した，というようなことも起こりうる。その

場合には，「がんになったからこそ，夫婦関係を見直すことができた」といった具合に，疾患に罹ったことの意味が捉え直されたりもするのである。

　ハイデガー『存在と時間』においては，本書第４章において明らかにしたように，「時間性（Zeitlichkeit）」は，現存在という存在者の存在を成す「気遣い」の「意味」として，「先駆的決意性」という現存在の本来的な在り方（自己自身への「本来的な気遣い」）に即して「既在しつつ現成化する到来」として見出されていた（SZ, 326：§65）。つまり，自分の死という可能性をしかと見つめつつ自分を（あるべき）自分へと「到来」させることで，自分のこれまでの在りようを改めてありのままに引き受け（「既在」），その時々の状況のなかで現存している道具と現に向き合い（「現成化」），決意しつつ行為していくという現存在の在り方を支えている時間的構造が，「時間性」と呼ばれたのである。

　けれども，平均的日常性にとどまりつつ『存在と時間』第一部第一篇を解釈するドレイファスは，時間性を，気遣い一般の――したがって平均的日常性における非本来的な気遣いも含めた――定義，すなわち「自分に先んじつつ（世界）の内にすでに存在していることで（世界内部的に出会われる存在者）のもとに存在すること」（SZ, 192：§41）に即して，「～のうちですでに，自分に先んじて，～のもとに存在する」こととして捉える。そして時間性を，平均的日常性における「投げられ，頽落し，企投する者としての現存在（Dasein as thrown, falling, projecting）」においても見出される，「すでにうちに存在し，もとに存在し，自分に先んじて存在する（being-already-in, being-amidst and being-ahead-of-itself）」「脱自的時間構造」として理解するのである（BW, 244/279-280）。

　こうしたドレイファスの「時間性」理解には，自分の死への先駆とい

う契機は見られない。したがって，「既在しつつ現成化する到来」という ハイデガーの時間性の定義において顕著であった「到来」の優位——「到来」だけが名詞である——も見出されない。むしろ，ドレイファスにおいては，「すでに内に存在すること」と「もとに存在すること」と「自分に先んじて存在すること」という三つの脱自的契機は and で繋がれて並置され，しかも「すでにうちに存在する」ことが先頭にきているために，既在が最初に目につく。ベナーらが，現在の瞬間と過去の経験との結びつきを強調しつつ，「現在の瞬間には，過去の体験についての自分なりの理解が注ぎ込まれており，そのため現在の瞬間は，その人の人生の過去の瞬間すべてと結びついている。そして過去と現在のこうした意味的結びつきによって，未来のさまざまな可能性が立ち現れてくる」とする時間性概念を提示した背景の一つには，以上のようなドレイファスの「時間性」解釈の受容があったものと考えられる。

　私たちは以上で，ベナーらの現象学的人間観のポイントを五つにまとめることができたが，これらは互いに独立したバラバラな視点ではない。たとえば，「背景的意味」は身体に取り込まれると「身体化した知性」となりうるし，何か・誰かが気にかかり大事に思われ「関心」が向けられるのは，「背景的意味」をまさに背景としてである。また，「気づかい／関心」という在り方によって，人はそのつどある「状況」に巻き込まれることになり，こうした私たちの在り方は全体として「時間性」によって支えられている。現象学的人間観の五つのポイントは，このように，相互に関係しあっているのである。

（3）意味経験の成り立ち
　ここで，以上のような現象学的人間観が，種々の意味現象・意味経験

168

　の成り立ちを明らかにする哲学としての現象学という本書全体を貫く視点から，どのように捉えられるのかを若干考察しておこう。

　この人間観は，物事や人々が意味を帯びて現れてくる意味経験の成り立ちに関しては，それを，互いに関係しあう以上五つのポイントから成る人間の存在の仕方——とりわけこの人間観の鍵となる〈気づかい／関心〉という在り方——から明らかにしていることになるであろう。過去からの経験の積み重ねのなかで身体化した知性を具え，背景的意味を背景にして，何か・誰かが気にかかり大事に思われるという存在の仕方を人間がしているからこそ，そうした物事や人々は重要な意味を帯びて現れ・経験されるのである。

　この人間観においては，〈気づかい／関心〉が軸であることによって，人々は互いに気づかいつつ関わりあう間柄において共に存在しているものと見なされる。したがって，フッサールのように，ある対象が「他者」として認識され経験されるのはいかにしてか，というような他者経験の成り立ちに関する認識論的な問いは問題にならない。またレヴィナスのように，他者は自分の理解の枠組みを超えた「他なるもの」として，「顔」として現前するわけでもない。他者はときに気にかかり大事に思われてくるものとして，世界のうちでつねにすでに共に存在しているものなのである。

　では，他者の諸体験の理解，すなわち他者理解の成り立ちについてはどうだろうか。ベナーらは，共通の身体的能力を具えて「共通の世界」に住み，「文化的背景を共有し同じ状況の内に身を置いている」人々のあいだには「共通の意味（common meanings）」があると見込んでよいと述べる。人間の存在論的構造の「共通性（commonalities）」によって，他者理解は成り立つのであり，他者への〈気づかい／関心〉という在り方によってその他者の〈気づかい／関心〉が理解されることで，他

者理解は深められると考えられているのである（PC, 98/112f.；cf. PC, 88/100, 92/105f.）。

2.　ベナーらの現象学的看護理論

　それでは，以上のような現象学的人間観に基づいて，ベナー／ルーベルはどのような看護理論を展開するのであろうか。

　その第一の特徴は，「気づかい（caring）」を第一義的と見なす点にある（PC, xi/viii, 1/1）。というのも，以上のような現象学的人間観に立てば，〈気づかい／関心〉によってこそ，自分にとっての重要度という点で世界に意味上の際立ちができ，そうして初めて人間に経験と行為のあらゆる「可能性」が生まれることになるし（PC, 1/1），またそうであるとすれば，看護を含め，対人関係におけるあらゆる実践も，相手が大事に思われて関わる〈気づかい／関心〉という在り方こそが，その可能性の条件だと考えられるからである（PC, 4/5）。看護師が気づかいという仕方で患者に関わっていればこそ，「患者に現れる回復と悪化の微妙な徴候を察知する」こともできる（PC, 4/5）。また，看護師にとって患者が気にかかり大事に思われてこそ，患者も看護師から「気づかわれていると感じる」ことができ，そこに「信頼」が生まれて，患者は提供された看護を受け入れることができるようになる（PC, 4/6）。看護とは，看護師の患者への「気づかい」に基づいて，患者が自分の「気づかい」を取り戻し，生きていくことに意味を見出し，人々とのつながりや世界との結びつきを維持あるいは再建できるよう手助けする営みにほかならない（cf. PC, 2f./3）。それがベナーらの基本的な看護観である。

　第二の特徴としては，彼女たちが，「疾患（disease）」と「病い（illness）」とを区別し（PC, 8/10），後者に照準を合わせて看護理論を展開している点が挙げられる（cf. PC, 7/9）。前章で述べたように，「疾患」

が「細胞・組織・器官レヴェルでの失調の現れ」であるのに対して，「病い」とは，「〔能力の〕喪失や機能不全をめぐる人間的経験」であるが，ベナーらは現象学的人間観に基づいて，「疾患」と「病い」との関係および「看護」という営みの位置づけを次のように理解している。

すなわち，人は何らかの疾患を患うと，「身体化した知性」が阻害されて生活の円滑な営みが破綻する。そして，それまで世界を理解する様式であった，身につけられていた「背景的意味」と，そのなかでの自分の〈気づかい／関心〉とが，もはやそれに頼ってはうまく生きていくことのできない何かとして際立ってきてしまう（cf. PC, 49f./56f.）。そこにはさらに，各々の疾患が有する人々に共有された文化的な背景的意味も作用してくるが，このような「状況」において，疾患は，当人の「関心」に応じて特定の「意味（meaning）」を帯びたものとして当人に経験される。この意味経験こそが「病い」なのである（PC, 8f./10f.）。人は何らかの「疾患」に罹っていながら，自分を「病んでいる」と感じていないこともあるし，逆に「疾患」が治癒すれば自動的に「病い」が消える，というわけでもない（PC, 8/10f.）。「病い」経験とは，「自分の生活の円滑な営みを可能にしていた意味ないし理解が攪乱されていると感じる」「ストレス（stress）」経験の一種であるが（cf. PC, 59/65f., 62/69），ベナーらによれば，看護とは，看護師の患者への〈気づかい／関心〉に基づいて，患者にとって疾患がもつ「意味」やその連関としての「物語」を理解し（PC, 9/11），そのことによって，患者が「病い」というストレスに対処し，それを切り抜けていくのを手助けする（cf. PC, 62/69）ところにその本質があるのである。

看護の営みの目指すところは「健康（health）」の快復と増進であるが，「健康」もベナーらにおいては，医学的に見られた「疾患」がないことではなく，「安らぎ（well-being）」という「生きられた経験」とし

て定義される。これが第三の特徴である。

　ベナーらによれば，「安らぎ」としての健康は，「人のもつ可能性と，実際の実践と，生きられている意味との適合（congruence between one's possibilities and one's actual practices and lived meanings）」という観点から理解される。すなわち，何か・誰かが大事に思われて，その気づかいによって「可能性」が開かれ（cf. PC, 1/1），「自分が置かれた状況のもとで自分に可能なことを実行し経験すること」ができ，そのことに「意味」を見出せるとき，そしてまたそうしたなかで自分が「他者や何らかのことがらを気づかうとともに，自らも人に気づかわれていると感じること（caring and feeling cared for）」ができるとき——そのときこそ，人は「安らか」であり健康なのである（PC, 160f./177）。「安らぎ」は，「完全に身体に根ざした」経験ではあるが（PC, 161/177），それはかならずしも疾患の完治を意味しない（cf. PC, 9/11）。たとえ疾患があったとしても，いやそれどころか終末期であっても，自分にとって大事に思われることを（ときには身近な人たちや看護師とともに）見出し，（ときには援助を受けながらも）できる限りそれを実践し，そのことに意味を感じられるのなら，その人は「安らいで」いられるのである。看護とは，「疾患」についての医学的な知をもち，同時に患者が疾患によって経験することになる「病い経験」の「意味」を理解することのできる「看護師」（PC, 62/69）が，患者に対して「その人がそう在りたいと思っている在り方でいられるよう力を与える」支持と助勢の気づかいそのものである。それこそが，ベナーらにとって，「看護ケアの関わりにおける究極の目標」（PC, 49/56）だとされるのである。

3. ケアの現象学に向けて

　私たちは前章と本章にわたり，現代の看護理論において現象学がどのように生かされているのかを明らかにすべく，現象学に基づく看護理論のなかでも卓越したものの一つであるベナーの看護理論を，その基礎となる現象学的人間観とともに明らかにしてきた。ベナーは，ルーベルとの共著『現象学的人間論と看護』において，ハイデガーとメルロ＝ポンティに関するドレイファスの独自の現象学解釈を学んで，それを看護という事象に即しつつ受容して「現象学的人間観」を提示し，それに基づいて現象学的看護理論を展開したのである。

　ベナーらは，現象学を受容する際，ドレイファスの解釈を単にそのまま受け入れたのではなく，ときに看護という事象に即して，ドレイファスの解釈を独自に変様させつつ，受容していった。それが，現代の看護学における現象学の展開となっているのである。

　しかし，看護領域における現象学の展開はこれにとどまらない。本書第1章および第2章で明らかにしたように，もともと現象学は，その創始者フッサールにおいて，「事象そのもののほうから」方法や考察を立ち上げていく，そのような哲学であった[1]。この現象学のもともとの精神が生かされるべきであるとするならば，看護の現象学は，まさに看護という事象そのもののほうから，事象そのものに即してさらなる展開が期待できるし，また展開していかなければならないであろう。

　たとえば，ベナーらは，他者への気づかい／関心に関して，ハイデガーが「極端な二つの可能性」のうちの第二のタイプとして挙げた顧慮的気遣い——すなわち「先に跳んで手本を示し〔他者を〕解放する顧慮的気遣い」——を，自分の死への先駆や先駆的決意性と結びつけて理解

---

[1] この点について，より詳しくは榊原（2009年）を参照されたい。

してはいなかった。ハイデガーにおいては，この気遣いは，自分の死へと先駆し決意した現存在が他者の前で跳び手本を示して，その他者の本来的気遣い（すなわち先駆的決意性）を目がけて気づかうような顧慮的気遣いとして解釈されるが，ベナーらはこれを「相手がそう在りたいと思っている在り方でいられるよう力を与える」気づかいとして理解しており，そこには〈先駆的決意性によって本来性に目覚めた現存在が他者の前で跳んで手本を示し導く〉というような要素は見られなかった。〈自分の死へと先駆し決意する「先駆的決意性」〉という契機が見られないという点では，ベナーらの「時間性」理解も同様であった。これは，ベナーらが，平均的日常性の次元にとどまりつつ『存在と時間』第一部第一篇を解釈したドレイファスから多くを学んだことからすれば，驚くにはあたらないことかもしれない。しかし，看護という営みが，時に患者の死に向き合わざるを得ないものであることに思いを致せば，これはきわめて奇妙なことであるようにも思われる。

　『現象学的人間論と看護』にも，なるほど「死」への言及は見受けられる（cf. PC, 85/97, 123/137, 137/152, 267f./290f., 287-291/314-318, 294/322）。しかし，そこで語られている「死」は，ハイデガーが強調したような，他者の死とは決定的に区別される「最も固有な，没交渉的な，追い越しえない可能性」（SZ, 250：§50）としての自分の死ではないし，「死」をめぐる議論も，自分の死への「先駆」や，先駆しつつ決意する在り方としての「先駆的決意性」に関わるようなものではない。このことは，〈自分の死へと先駆し決意することで本来的な自己となり，他者に対しても，相手の本来的な気遣い（すなわち先駆的決意性）を目がけて気遣う〉というハイデガーが示した他者への本来的な顧慮的気遣いの在り方が，ベナーら自身の看護という事象の実感と合わないことを示しているのではないだろうか。

　また，私たちは，ベナーらが，ドレイファスによるハイデガーの「時間性」の解釈を，さらに「既在」を強調しつつ受容していることを見てきたが，これも看護という事象に即した理解を示唆している可能性がある。というのも，自分の死への先駆と決意ではなく，むしろ自分が関わりつつも亡くなっていった，今も忘れられない患者の存在——すなわち自分がケアした患者の死の既在，あるいはその患者との亡くなる前の共存在の既在——が看護の営みや看護研究の原動力になっている看護師が少なくないように思われるからである[2]。

　私たちはこのような場合，看護という事象そのものに即して現象学的考察をさらに展開していかなければならない。そこでは，現象学の創始者フッサールがそうであったように，あらゆる先入見をいったんは棚上げし，改めて「事象そのもののほうから」方法や考察を立ち上げていくことが重要である。そこでは，ベナーらの現象学的人間観そのものも，看護という事象に即して改めて見直されるかもしれない。さらに，既存の哲学としての現象学の見直し・更新が行われていくのかもしれない。そうした現在進行形の営みが，第12〜14章で紹介される，現代に生きる現象学の一つとしての「ケアの現象学」である。

---

[2] 以下の諸論考を参照されたい。西村ユミ（2016年）第5章；榊原哲也（2015年b）；坂井志織（2019年），特に2-7頁；榊原哲也（2020年b）。

12 | ケアの現象学(1)：事象そのものへ

西村ユミ

《**目標＆ポイント**》 ケアを探究する態度および方法として，なぜ現象学という哲学が求められるのかを，具体例をもとに理解し，現象学によって見出されたケアの特徴を理解する。
《**キーワード**》 二元論，知覚経験，前意識的経験，包含関係

1. はじめに

　現象学は，ケアという営みを探究する態度および方法として注目されている。本章では，ケアの探究において，なぜ現象学が求められるのかを考えたい。その際，ケア一般について考えるのではなく，具体的な経験や実践を例に挙げる。なぜなら現象学は，そのつどの経験がいかなる意味として成り立つのかを問う哲学であり，ケアは，それに関わる実践者において，具体的な営みとして経験されているためだ。

　本章では，かつて私が研究をした植物状態患者のケアに携わる看護師の経験（西村，2018 年）に注目する[1]。それは，このような患者と関わる看護師の経験の探究には，現象学に出会わなければ乗り超えられない課題があったためだ。現象学のどのような考え方が，患者との関係，言い換えると，ケアという事象を浮かび上がらせることになるのか，それが本章の問いであり，議論する内容である。

---

[1] 本章では，『語りかける身体』（西村，2018 年）において取り上げた看護師の経験を，目的に照らして再分析する。

2. 植物状態患者のケアにおける課題

(1) 植物状態とは

　植物状態（PVS；persistent vegetative state）は，1972 年に Jennett & Plum によって，「脳に重大な損傷を受けて深昏睡の状態を経た後に，覚醒と睡眠のサイクルを繰り返すようになる」という状態において「一見，意識が清明であるように開眼するが，外的刺激に対する反応，あるいは認識などの精神活動が認められず，外界とのコミュニケーションを図ることができない状態を総称する」と提案された。日本でも，1974 年に日本脳神経外科学会が，自力で動けず，食べられず，失禁状態で，意味のある言葉をしゃべれず，意思の疎通ができず，目でものを認識できない，という状態が 3 か月以上続く場合と定義した（鈴木・児玉）。2002 年には，Giacino らが，つねにではないが明確に判別可能な意識の根拠となる行動が見られる状態を minimally conscious state（MCS；最小意識状態）とし，定義と診断基準を提案した。日本の定義には，MCS の一部が含まれている。さらに，ヨーロッパの意識障害に関する専門委員会（Laureys, et al., 2010）が，反応はないが覚醒している状態を unresponsive wakefulness syndrome と表現し，PVS に代わる用語として提唱した。日本では，植物人間と呼んだ時代もあったが，差別語と指摘された経緯もあり，現在では，遷延性あるいは慢性意識障害と呼ばれている。

　このように表現は工夫されたが，いずれの定義も曖昧な表現を残しており，植物状態という概念は幅をもったものとなっている。また，診断が医師によって異なるという事態が生じているという指摘もある（Andrews, et al., 1996）。

（2）植物状態患者との関わりの経験

　著者である私自身にも，看護師として植物状態患者のケアに携わった経験がある。最初は，「どのように関わっていけばよいか」と戸惑ってばかりだったが，次第に，患者の視線から伝わってくるものを感じたり，自然に話しかけたりすることができるようになった。さらに，患者の身体が表現する安心感や緊張感も，そうした意味として捉えられるようになった。看護師たちの何人かにも，植物状態患者の定義を超えた交流が経験されていた。

　しかし，植物状態患者が意識障害者とされること，さらには，担当看護師が受け止めた患者の応答を，第三者である他の看護師や医療者にも同じように捉えられるという意味での客観性が担保されていないために，担当看護師が経験したり感じ取ったりした患者の状態は，「思い込み」や「主観」とされることが多かった。たとえば，患者の状態から見て取った安心感や緊張感は，医学的視点においては，脱力や硬直と評価されることがある。そもそも，外界とコミュニケーションを図ることができないという植物状態患者の定義を前提とすると，看護師は患者との交流を経験できないことになる。他方で，看護師が植物状態患者をどのような状態にある人として捉えるのかは，ケアにおいては重要な意味をもっている[2]。それゆえ，看護師が患者との関わりにおいていかなる経験をしているのか，という問いは，ケアの探究において重要だが，これを問うには幾つかの課題を乗り越える必要がある。

---

[2] 神経科学者のオーウェンは，植物状態を「グレーゾーン」という曖昧な世界の一領域とし，機能的磁器共鳴画像法（fMRI）で脳をスキャンをすることによって意識を突き止めた。彼によれば，植物状態患者の 15〜20％は，どのようなかたちの外的刺激にも全く応答しないにもかかわらず，完全に意識があることを発見した。この発見によって，患者の周囲の者の関わり方が一変し，その患者が人格をもった人としての立場を取り戻したことが紹介された。（オーウェン，2018 年）

3. 看護師の経験を問う課題から現象学へ

　ここでは，看護師の患者と関わる経験の探究を妨げる幾つかの課題と
それを乗り越える方略について検討する。

（1）医学診断上の定義

　まず議論が必要となるのは，医学診断上の定義の扱いである。そもそ
も植物状態患者は，外的刺激に対する反応，あるいは認識などの精神活
動が認められず，外界とのコミュニケーションを図ることができない状
態とされている。日本の場合は，MCSの一部も含まれることから，意
識の根拠となる行動が見られる患者も，植物状態と診断された者のなか
に含まれている可能性がある。しかし，いくら可能性があると言って
も，植物状態の定義は科学的な根拠と基準をもって診断をするために作
られたものである。他方で，実際に患者に関わっている看護師たちは，
そのつど，診断基準という物差しをもって患者に関わっているわけでは
ない。むしろ，じかに患者に関わることを通して，患者の表情やまばた
き，呼吸の仕方や唾液の出し方などの変化に触れ，「もしかしてわかっ
ているのではないか」「嫌がっているのではないか」「頷いてくれている
かもしれない」と，可能性を意味として読み取っている。植物状態の定
義，つまり意識障害が遷延しているという診断は，こうした経験を探究
することを難しくする。

　第1章第1節で述べたとおり，現象学は「物事を数量化して自然科学
的に捉える見方をひとまず棚上げし，さまざまな『意味』を帯びて物事
が直接ありのままに経験されるその現れ（＝現象）にまずもって立ち返
る」ことを，哲学的方法とする。現象学のこの方法を手がかりとするこ
とで，課題となっていた植物状態患者の医学診断上の定義をいったん棚

上げし，彼らの経験そのものへと立ち帰ることが可能になる。それは，すでに定められている定義やそれに基づいた診断をなかったことにするのではなく，診断基準があるからこそ，これをいったん棚上げし，そのうえで，経験そのものを捉え直すことを意味する。その経験に，再び医学診断上の定義が挟み込まれるかもしれない。しかし，それは予め前提された知見ではなく，経験のなかで意味づけられたものとして取り上げられるのである。

（2）心身二元論

　次なる課題は，植物状態患者に関わる看護師の経験が，「思い込み」や「主観」とされる傾向にあるという点である。それは，患者が意識障害という状態であるがゆえに，たとえば彼らの瞬きや表情の意味が，その患者を担当している看護師には患者の返事やある種の感情として受け止められたとしても，他の看護師や医師などにはその意味が曖昧であったり，そのように受け止められないという事態が起こる。見る人によって見方が違うことが，事実の保証を困難にするのである。とりわけ医療現場では，誰が見ても同じように観察されるという意味での客観性が重視される。それは，24 時間にわたって，複数の医療者が患者の命を守らねばならないという状況にあるためで，一方で，医療者として重要な視点であるが，他方で，意味としての経験は誰においても同じではない，という点が忘却された視点とも言える。

　さらに，看護師の見方が「思い込み」や「主観」と指摘されることは，その見方が事実とは言い難い，先に述べた意味での客観性を欠いていることを意味する。しかし，「主観」と「客観」とは明確に分けられるだろうか。ここに二元論という問題を指摘することができる。

　この二元論の伝統的な議論に，「心・精神」と「身体」を区別する心

身問題がある。この心身二元論は，たとえ植物状態患者の定義を脇に置いたとしても，看護師と患者との関係を別の角度から困難にさせる。植物状態患者に意識の徴候を見て取ることは難しい。そのため，患者は「心・精神」が働いていない状態とされ，自律神経が維持された「身体」は，「モノ」ないし「客体」に貶められる。ある植物状態患者の家族は，息子をまるでモノのように扱われたことがあると憤慨していた。ここで問題となっているのは，意識の徴候の読み取り難さと，私たちが知らずにもっている二元論的なものの見方である。二元論を前提に患者を見ると，見る側は患者をモノとしての身体と捉え，患者と関わるというよりも，モノに一方向的に向かい操作することになる。ここで問われているのは，心身二元論を前提とすることで，見る側の主体と見られる側の客体が分離されてしまい，この図式のもとでは交流の断絶が起こるということである。

（3）主観と客観の接合

　しかし，看護師たちは患者を客体として見てはいない。先取りになるが，ある植物状態患者を担当している看護師が，患者と関わることを通して，「ちょっとずつ，ちょっとずつ，見えてきた」「私たちが彼女に近づいてきた，よりはっきり形が見えてきている」「私たちが養われている」ことを実感するような経験をしていたと言う（西村，2018年）。看護師のほうから患者に一方向的に働きかけるのみではなく，患者に関わることを通して「近づける」ようになるという変化が看護師の側に起こり，さらにはそれによって看護師の患者の見方が養われているというのだ。これは，客体（モノ）としての患者とのあいだにおいては経験され難い。

　この看護師の経験からも，二元論の図式は事実に即していないと言え

るが，第 6 〜 8 章で紹介したフランスの現象学者であるメルロ=ポンティは，この点をより積極的に論じている。メルロ=ポンティによれば，「現象学の最も重要な収穫とは」，「極端な主観主義と極端な客観主義とを接合させたことにある」（PP, XV/1-23）。言い換えると，理性の側が能動的に対象を把握するという発想と，世界の側に合理的な秩序が成り立っているという二つの見方の対立を無効にし，「世界を見ることを学び直し」（PP, XVI/1-24），「世界とのあの素朴な接触を取り戻す」（PP, I/1-1）ことを要請する。

　メルロ=ポンティによれば，「現象学的世界とは，何か純粋存在といったようなものではなくて，私の諸経験の交叉点で，また私の経験と他者の経験との諸経験との交叉点で，それら諸経験のからみ合いによってあらわれてくる意味なのである。したがって，それは主観性ならびに相互主観性ときり離すことのできないもの」（PP, XV/1-23）なのである。つまり，世界は，それを知覚する私の経験との絡み合いによって現れるのだ。

（4）自他を超えた他人意識

　ここまでは，現象学的世界の現れの記述を紹介したが，それは他人知覚においても同様である。先に，植物状態患者のあるふるまいが，見る者によって違っている点が問題であることを述べた。メルロ=ポンティによれば，これは「心理作用が当人にしか近づきえないものであって，私の心理作用も私だけが近づくことができて，外からは見えないものだとする」見方であり，これを「放棄しなければならない根本的偏見」（P1, 175f./133）であるという。そして，「私の意識はまず世界に向い」「それは何よりも〈世界に対する態度〉」（P1, 176/133）なのだという。そうであれば，「〈他人意識〉というのもまた，何にもまして，世界に対

182

する一つの行動の仕方」であるとし，この議論をもとに，「他人や私自身を，世界の中で活動している行為として，あるいはわれわれを取り囲む自然的，文化的世界への或る『身構え』（prize）として規定」（P1,176/134）し，他人へのパースペクティブを開こうとする。そして，行為ないし身構えとしての〈私の身体〉を，一つの系および図式として位置づける。それゆえ「他人知覚においては，私の身体と他人の身体は対にされ，言わばその二つで一つの行為をなし遂げることになる」（P1,178/136）のである。この〈身体〉の次元の知覚経験は，はっきり自覚する手前で営まれる前意識的，ないし前言語的な経験である。

　たとえば，先に紹介した，患者と関わるなかで患者に近づいていったという看護師の語りは，物理的に患者との距離がなくなったというのではなく，経験の水準で近づくことができたと感じていることを意味する。その「近づく」は，患者と関わるなかで看護師が感じ取った経験であることから，この知覚は患者の状態を含み，さらにそれによって養われる。つまり，患者との関わりを通して看護師の側のあり方が変わったのであるから，看護師の見方や態度は，関わりをもつ患者の状態を含み込みつつ養われ変化をしていることを物語っている。それゆえ看護師の知覚は，患者を見られる対象として，見る主体から切り離してはいない。しかし，相手の状態を含みもった見方をしていることの自覚は難しいであろう。

　加えて，看護師の側が養われるということは，同じ看護師であっても，見方に変化が見られることを意味している。それは，たとえば患者のまばたきは，それだけが切り取られて評価をされているのではなく，ある文脈や状況のなかで意味をもって現れてくるのである。看護師の，患者に「近づく」という経験が患者との関わりを通して成り立つのであれば，患者の状態を反映した「近づく」ことが，患者のまばたきの意味

を読み取ることを可能にしている可能性がある。つまり，文脈や状況が地となり，そこから意味が現れているのである。

　植物状態患者と関わる看護師の経験を探究するには，上述の課題を乗り越える必要がある。ここでは，現象学を手がかりとすることで，いかにこれらの課題を乗り越えることができるかを見てきた。つまり，現象学の方法により，植物状態という医学診断上の定義，および二元論という枠組みを棚上げし，文脈と共にある意味として現れる経験を探究することが可能になる。逆に，現象学を手がかりとしなければ，植物状態患者の定義に行く手を阻まれ，看護師の経験へと触手を伸ばすことが困難であったと言える。

4．看護師の経験から見えてきたこと

　それでは，植物状態の定義や二元論の図式をいったん脇に置き，患者のふるまいの意味を読み取りつつケアを行うという方向性をもった文脈のもとにある看護師の経験へ立ち帰ると，いかなる営みが見えてくるだろうか。ここでは，ある植物状態患者に関わる看護師の語りを例に検討をしたい。語りは，看護師の実践に伴走するという参与観察を行いながら，それをもとに行ったインタビューによって得たものである。これらの調査方法については，第13章と第14章で具体例とともに紹介する。

　ここでは，先に紹介したAさんの語り（西村，2018年）を確認しながら，患者との関わりの経験を見ていこう。Aさんは植物状態患者を専門に治療，ケアをするTセンターに勤務する看護師であり，村口さん（仮名）という20代の女性を担当していた。村口さんは，3年前に自動車事故による脳挫傷で，急性硬膜外・硬膜下血種，頭蓋底骨折を診断された。神経学的には，言語中枢のある大脳の左半球が欠損，陥没して大きく障害を受けており，言語機能を完全に無くした状態にあると考えら

れていた。他方で，脳室の拡大は軽度であり，右大脳の機能はおおよそ
保たれていた。医師も，ある程度の認識はできており，感情失禁や随意
運動としての笑顔も見られ，社会性や感情は残っていると判断していた
（西村，2018 年，110-111）。

（1） 知覚における他者の状態の現れ

　このように医師に判断されていた村口さんであったが，Ａさんは，次
のように語っている。

　「その脳欠損も影響してるんだけど，コミュニケーションが皆目とれ
ない……みたいっていう。つまりこっちの言ってることを相手がわかっ
てるかなっていう印象っていうか，手応えが全然ないんですわ，彼女の
場合」，「彼女の場合一つ，まずその命令に応じることができない。目
パッチンしてくださいって言って，パチパチってやってくれるわけ
じゃ，ん〜，ないですよね。動かしてくださいって言って動かせるわけ
じゃない。その目覗いても，その彼女の顔覗いても……こちらの問いか
けを理解してるかなっていう感じでは……もしかして通じてないよう
なっていう印象のほうが強かった」と語る。

　他方で，村口さんのすごい力に驚いてもいる。村口さんは非常に表情
が豊かで，看護師のいろいろな働きかけに対して笑顔を見せる。ただ
し，Ａさんから見ると彼女の笑顔は，本当に楽しい，嬉しいという笑顔
であるかはわからないというが，「何かの響きがそう思わすのか『わ
かってるよな，この人，内容を』」と感じることもあると語る。

　こうしたことを話してくれたのは，村口さんが入院して3週間目であ
り，村口さんを捉えられずに戸惑っていた頃であった。

　現象学を手がかりにすると，語り手であるＡさんの視点から，これら
の経験がいかに成り立っているのかを探究することが可能である。ま

ず，Ａさんが村口さんから感じ取っているのは，「コミュニケーションが皆目とれない」「こっちの言ってることを相手がわかってるかなっていう印象」「手応えが全然ない」「命令に応じることができない」という点である。表現こそ異なっているが，いずれも「こっちの言ってること」「命令」としての「目パッチンしてください」「動かしてください」などの，看護師の側からの働きかけに対して村口さんが「応じる」ことができないことである。また，「わかっている」「理解している」ことについては，「みたい」「もしかして通じていない」という断定を避ける表現を挟んで，「印象」「手応え」「感じ」を得ることができないとＡさんは語る。言い換えると，応答は，村口さんができないこととして断定されているが，村口さんが「わかっている」「理解している」ことの不可能性は，断定を避けつつＡさんの感覚的経験として表現されている。それを感じ取るとき，「目覗いても，その彼女の顔覗いても」と語られているとおり，Ａさんは応答しない村口さんの目や顔を覗き込んで何かを感じ取ろうとしているのだ。加えて，両者には「わかってるかな」「理解してるかな」などの問いかけの表現が用いられており，これに対して自身の感覚的経験を語っていることから，問いかけは自らに向けられたものと言える。

　他方でＡさんは，「何かの響きがそう思わすのか『わかってるよな，この人，内容を』」と思うこともあるという。だからＡさんは，感じ取ったことを断定せず，また，はっきり言語化することが難しい「何かの響き」に思わされることをも否定せず，村口さんに働きかけ続けるのである。

　このＡさんの，村口さんの「わかっている」「理解している」ことを自身の感覚で受け止めているその仕方は，メルロ=ポンティの表現を借りると次のように記述できる。「私が対象の状態を知るのは私の身体の

状態を介してであり，また逆に，私の身体の状態を知るのは対象の状態
を介してなのであって，（略）現実的な包含関係によってなのであ」
（PP, 102/2-213）る。この記述を手がかりにすると，Aさんが村口さん
の目を覗き込み，また働きかけつつ感じ取る「印象」「手応え」「感じ」
は，Aさんの身体を介して感じ取ったことではあるが，そのAさんの感
覚は村口さんの状態を介さなくては生じえない。このAさんの感覚に村
口さんの状態が含み込まれるという「包含関係」こそが，先に述べたメ
ルロ=ポンティの，二元論の図式を無効にし「極端な主観主義と極端な
客観主義とを接合させた」知覚という世界経験なのである。

（2）再帰性のもとに成り立つコミュニケーション

　入院して3か月を過ぎた頃に，Aさんから聞き取った語りを見てみよ
う。この頃Aさんは，村口さん固有の関係の持ち方に気づき始めたと教
えてくれた。次第に，こちらが発する言葉をわかっているのではないか
と思えるようなふるまいを，村口さんがするようになったという。その
ことを，村口さんよりも動きの大きい上木さん（仮名）と比較して「村
口さんのほうがコミュニケーションとれてるっていうか双方で話してい
て楽しい」と思うと語る。「上木さんだってへたすると頷いてくれます
よね。（略）かと思うと，なんかキンキンキンって，なんでかいきなり
怒り出しますよね。私はそのとき『なんで』の声のほうが大きいんです
よ。『なんでここで怒るの』っていう。村口さんの場合にも，いきなり
ニィーって泣くけど，上木さんのあのキンキンに比べたら度はちっちゃ
いですね。『あっなんか悪いこと言ったかな』『ごめんな』って。でも上
木さんのときにごめんなはでないですもん」。

　このように動きの大きさだけでは言い表せないような次元において，
Aさんは村口さんを「わかっている」人として捉えられるようになる。

特に，村口さんと一緒にいるときの〈雰囲気〉から，村口さんは「わかっている」のではないかと感じてしまう。

　この語りで注目したいのは，上木さんのキンキンキンに対する「なんで」「なんでここで怒るの」という A さんの応答と，村口さんのニィーって泣くに対する「あっなんか悪いこと言ったかな」「ごめんな」との違いである。A さんは，上木さんのキンキンキンを怒っていることとして，村口さんのニィーを泣いていることとして受け止めている。しかし，それに対する自身の応答が違っているというのだ。上木さんの怒りには「なんで」という疑問が浮かび上がるのに対し，村口さんが泣いたことには「ごめんな」と謝っている。その自分自身の応答が，「村口さんのほうがコミュニケーションとれてるっていうか双方で話していて楽しい」という感覚に至らせるのである。

　ここでも，先に述べた包含関係が見て取れるが，さらに，村口さんが「いきなり」ニィーって泣くことは，いきなりであったとしても，「あっなんか悪いこと言ったかな」「ごめんな」が出てくることから，A さんの何らかの関わりが含まれる「ニィー」であると感じられており，その関わりに応答していることから，「ごめんな」には自身が作り出した村口さんの状態への応答，つまり関わりつつ関わられ，それに応じるという，メルロ=ポンティの言葉を借りると「私が〈見つつ－見られるもの〉である」という「再帰性」(OE, 33/267) を見て取ることができる。村口さんとコミュニケーションがとれている経験は，相手の状態に自らの関与が含まれており，それに応答できることで成り立っていたと言える。これは，A さんの関与および応答と村口さんの状態を分けて考えると，理解できない営みである。

（3）雰囲気を作る

またＡさんは，村口さんは看護師が笑わそうとしているその〈雰囲気〉を摑むことができる人なのではないか，とも思っている。

「お菓子とか甘い物系わかってるんだろうか。やっぱり笑顔が全然違う。たとえばお昼よーって持って来るご飯と，おやつよーって持って来るケーキとたぶん笑顔が全然違うと思っていますわ。そこでもしかして私たちが，わぁケーキだ，ムラちゃんに食べさせよう，と思って近づくから，彼女は笑うかもしれない。（略）私たちのその〈雰囲気〉ですよね，ムラちゃんにケーキ見せてみたろぉっていう，私たちのワクワク心を彼女が察知して，それはそれで私，超能力に近いと思うんですけど（笑）」。

ここでＡさんは，村口さんの「笑顔が全然違う」ことから，「お菓子とか甘い物系わかってる」のだろうかという。他方でそれは，甘い物をわかっているというよりも，Ａさんたちの「わぁケーキだ，ムラちゃんに食べさせよう，と思って近づく」「私たちのその〈雰囲気〉」「私たちのワクワク心」を村口さんが察知して見せる笑顔ではないか，とも思っている。ここでＡさんは，村口さんの側がＡさんたち看護師の「雰囲気」を察知すると語っているが，そもそもＡさんたち看護師の「雰囲気」は，「ムラちゃんにケーキ見せてみたろぉっていう，私たちのワクワク心」なのであるから，村口さんのケーキを見たときの状態なくしては生じえない「ワクワク心」と言える。そうであれば看護師の「雰囲気」は，村口さんのこれまでの応答，そして未来の応答の可能性を含んだワクワク心であり，それが村口さんの笑顔を生み出すのであるから，ごはんの時と全然違う村口さんの「笑顔」は，村口さんの過去と未来の状態を孕んだ看護師の雰囲気を反映して生み出されている。

メルロ＝ポンティは「私は他者を行動として知覚する」（PP,

409/2-222)，あるいは「私がまず知覚するのはもう一つ別の『可感性』」
(S, 213/257) であると述べるが，知覚する行動や感受性は，このよう
な成り立ちのもとで実現していると言えるだろう。こうした経験を経
て，入院した 4，5 か月後のインタビューで A さんは，村口さんのこと
を「わかっている人」として捉えるようになった。

　このように見ると，村口さんに馴染んでいく文脈において A さんは，
村口さんをわかっている人として捉えられるようになった。それは，現
象学の視点，つまり意識障害という医学診断上の定義，および二元論の
図式をいったん棚上げし，はっきり自覚されていない身体性の次元にお
ける経験に立ち帰ることによってこそ見えてきた，患者との交流の手応
えが可能にしていた。

13 | ケアの現象学(2)：グループで語り合う

西村ユミ

《**目標&ポイント**》 対話式インタビューについて，現象学を手がかりに検討するとともに，インタビューにおいて何が生じているのかを理解する。
《**キーワード**》 方法的態度，対話，フォーカスグループインタビュー，看護実践の語り

1. はじめに

　第12章で見てきたとおり，他者と共にあるケアは，その他者との身体性の次元における包含関係，あるいは再帰的関係として成り立っていた。言い換えると，ケアという営みはそこに関わる者の役割上，ケアする者とケアされる者とに分けられていたとしても，身体経験の水準において両者は応答関係にあり，相手の状態に相互に含み込まれて成り立つのである。このケアの成り立ちは，植物状態患者をわかっている人として感じ取れる看護師の感覚を支えていた。ところが，このような包含関係として他者との関係が成り立っていることは，経験者においてはっきり自覚されていない。植物状態患者に関わる看護師は，患者の応答を確かめるそのつど，たとえば，声をかけたときのまばたきが返事であるのか，反射的になされたものであるのかを気にかけていた。それゆえに，はっきり自覚され難い経験が僅かながらでも語りや実践のなかに表現されていたのである。

　こうしたはっきり自覚され難い経験によって成り立つケアの探究にお

いては，その方法を，事象の特徴に即して吟味することで，言語化の可能性が開かれる。本章では，対話式インタビューやグループインタビューという方法によって，いかに経験の探究が可能であるのかを検討する。

2. 態度としての方法

　繰り返しになるが，現象学は「物事を数量化して自然科学的に捉える見方をひとまず棚上げし，さまざまな『意味』を帯びて物事が直接ありのままに経験されるその現れ（＝現象）にまずもって立ち返」（第1章第1節）ることを方法とする。そして，それがいかに成り立っているのかを，記述を通して開示する。

　先に，ケアという営みにおいて相手の状態を知ることは，ケアされる者から切り離されたケアする者が，ケアされる者を対象化して捉えるのではなく，むしろ包含関係にあり，相手の状態の理解は自らの知覚経験のもとで生まれ，自らのその経験は相手の状態によって見出されることを確認した。このような特徴をもったケアという営みを探究するには，どのような「方法」が適切と言えるだろうか。

　この問いに対して，まず哲学者である木田（1970年）の現象学の方法に対する考え方を確認しよう。

　「わたしは現象学を完結した一つの理論体系とか，ましてや形而上学のたぐいとは考えない。それはあくまでも開かれた方法的態度なのである。といっても，（略）この方法なるものを料理の『作り方』とか自動車の操縦の『仕方』のような一定の結果を保証してくれる一連の『手つづき』と考えるとすれば，それは論外である。方法とは本来，（略）思考のスタイル，研究対象に立ち向かう態度のことなのである」（p.8）。

　このように木田は，現象学は「開かれた方法的態度」であり，この方

法を「思考のスタイル」「対象に立ち向かう態度」であるとし，「作り方」「仕方」「手つづき」ではないという。いかなる意味で，「作り方」「仕方」「手つづき」ではないのだろうか。

鷲田（2007年）は，「何かを『哲学的』に考えようとするとき，まず方法をきちんと決めてから，というやり方に制限をくわえねばならないということである。方法は，ある意味では対象のほうが強いてくるものだ。あるいは，対象との接触のなかで初めて見えてくるものである。対象にかかわるまえに方法があるわけではない」（p.76）と述べる。

木田や鷲田の言葉をもとに考えると，現象学においては，「方法」というものが予め決められているわけではない。また，その方法を用いれば，結果が決まってくる，というわけでもなさそうである。それはなぜだろうか。

木田は現象学を「方法的態度」「研究対象に立ち向かう態度」とし，鷲田は方法を「対象のほうが強いてくるもの」「対象との接触のなかで初めて見えてくるもの」と述べている。いずれにおいても，対象があって成立する，あるいは対象によって定められる，むしろ，対象と接触することによって見えてくるものとして「方法」が述べられている。

ケアの探究においては，ケアする者とされる者が包含関係にあるのであるから，対象から距離を置いて観察する方法——メルロ=ポンティはこれを「上空飛翔的」な態度として批判した——によってでは捉えることができない。それゆえ，予め方法を準備してそれを対象に適応するのではなく，対象とじかに接することにおいて初めて方法が見えてくるという現象学の考え方は，ケアの探求方法を検討するうえでも手がかりになる。

3．対話式インタビュー

　次に問われるのは，いかに接触をするかである。本章では，この接触
の仕方として，相手の経験に触れる対話式インタビュー（松葉・西村，
2014 年）を取り上げる。

　メルロ=ポンティは，対話について次のように記述する。

　「対話の経験においては，他者と私とのあいだに共通の基盤が構成さ
れ，私の考えと他者の考えとがただ一つの同じ織物を織り上げるのだ
し，私の言葉も相手の言葉も討論の状態によって引き出されるのであっ
て，それらの言葉は，われわれのどちらが創始者だというわけでもない
共同作業のうちに組みこまれてゆくのである」（PP, 407/2-219）。それ
ゆえに，「相手の唱える異論が私から，自分が抱いていることさえ知ら
なかったような考えを引き出したりもするのである」（PP, 407/219-
220）。

　このメルロ=ポンティの記述においては，対話の経験は自他が分離さ
れていない。むしろ，他者と私は，対話によって構成された共通の基盤
のもとで，二人で一つの言葉を織り上げるのである。またその言葉は，
討論によって両者から生み出されてくるのである。さらに対話は，自覚
されていない考えを引き出してくる可能性がある。

　対話式インタビューは，このような特徴をもつ対話を生成しつつ，そ
のうちで語り出される言葉によってケアの営みへと接近する。インタ
ビューには，質問をする側であるインタビュアーと受ける側であるイン
タビュイーが存在する。しかし，対話式インタビューでは，互いが互い
の言葉に触発され，互いの問いかけ，あるいは語りを含みもった言葉が
語り出され，それにまた応答する／されるのであるから，インタビュ
アーとインタビュイーの語りを切り分けたり，インタビュイーの語りの

194

みをまとめてしまうことはできない。

インタビューには，大まかに分けると構造的，半構造的，非構造的イ
ンタビューというタイプがある（グレッグ・麻原・横山，2007 年）。予
め準備した質問内容を相手に尋ねる構造的インタビューは，対話にはな
らないため妥当ではない。半構造的インタビューは，ある程度の質問項
目を準備はするが，話の流れに応じて質問の順序を代えたり，その流れ
のなかで準備した質問の回答が得られればすべてを問わず，むしろ語り
の流れのほうを重視してインタビューを進める。非構造的インタビュー
は，最初に，目的に関わる内容に関する大まかな質問を投げかけるが，
その後は，インタビュイーに自由に語ってもらい，インタビュアーは語
りの流れの舵取りをする。とすれば，ケアの探究において，とりわけ現
象学を手がかりにする場合は，半構造的，非構造的インタビューが妥当
であると考える。

対話式インタビューの場合は，先に述べた通りさらにインタビュイー
とインタビュアーの柔軟な対話という側面が加わる。その際インタビュ
アーは確かに質問をする役割を担うが，相手の語りに触発され，質問以
外の応答をすることも想定される。場合によっては，自身の経験を語る
こともある。事象が方法を強いてくる，というのは，相手の応答に対
し，次なる応答をするその仕方においても生じうることなのだ。

4．フォーカスグループインタビュー

さらに，はっきり自覚し難い経験へは，フォーカスグループインタ
ビューも有効であると考えられる。看護師によるケアの経験は，患者や
療養者との包含関係において生成される。その患者や療養者には，他の
看護師たちも接していることを想定すると，語らいのなかで生まれる言
葉には，他の看護師たちの経験の語りも自らの実践を振り返るために参

照できる表現が見られる可能性がある。

　フォーカスグループインタビュー（ヴォーン他，1999 年）は，「ある特定の話題に対して，率直で，日常的な会話を作り出」し，「それぞれの人々の視点を発見し，また人々に異なった視点を表現することを促す」（p.9）ことを目指している。率直で日常的な会話は，「対話」の機能を有している可能性があるだろう。また，他の人々の視点に触れることで，他者とは異なった自らの視点を表現することが促される。これを通して，言葉になり難いケアの営みが言語化される可能性がある。

　フォーカスグループインタビューにおけるインタビュアーは，対話を行う複数人の会話の舵取りをするが，その対話の経験を共にする参加者でもある。つまり，個別のインタビューと同様に，一人の対話者としても参加をすることで，インタビュイーとして参加をする者たちがこれまで気づいていなかった経験を生み出す触媒となるのである。

5．看護実践の語り

　それでは，具体的な「対話」を見てみよう。ここで紹介するのは，経験を積んだ 6 名の看護師が参加をしたフォーカスグループインタビューの一部である。このインタビューは，「看護実践の為され方としての実践知に関する研究」の一環として実施されたものであり，『看護実践の語り』（西村，2016 年）において紹介した。ここでは，どのように対話がなされているのかを再分析してみたい。

　インタビューは 2 年間にわたって複数回行われたが，その過程で偶然，2 名の看護師（B さん，F さん）が同じ病棟に配属され，同じ患者のケアに関わる機会があった。B さんは「最近気になった」患者さんとして賀川さん（仮名）について語り始め，それが呼び水となり，賀川さんの担当であった F さんも賀川さんについての語りに加わった。

（1）主体をずらし気持ちが通じる

　賀川さんは，乳がんによるがん性疼痛と胸の苦しさのために1週間ほど入院をしていた。肝臓などへの転移もあり，すでにターミナル期にあった。麻酔によって痛みをコントロールし「ぼちぼち」自宅に帰ることが予定されていたが，「急にその人が（家に）帰ります」と言いだし，退院が決まってしまった。Bさんが語ったのは，この突然の退院に対する経験である。

> B 　（略）もうちょっとうまく痛みのコントロールできるはずなんですけどっていう状況で，帰ることになったもんで，ちょっとばたばたしてたけど。またそういうので一番心に最近のところで，ピックアップする患者さんはその人かなと思ったんだけれど。どういうふうにしてあげるのが一番いいのかなって。
>
> 私　痛みのコントロール。（略）
>
> B 　そう。だから私個人の気持ちとしては，いや，もうせめて2～3日待って欲しいんです。(p.159)

　この語りでBさんからは，「もうちょっとうまく痛みのコントロールできるはず」であるにもかかわらず，それを待たずに退院した賀川さんについて，「私個人」の気持ちとしては，2～3日待って欲しかったことが述べられている。

　続く語りでも，「もうちょっとうまくコントロールできて」と言い，疼痛コントロールがうまくできていなかったこと，「うちの人」の気持ちが強かったことが強調される。しかし，これに続けてFさんは，うちの人から「本人」へと主体をずらし，「帰りたい」という気持ちを語った。

B　だから本当はもうちょっとうまくコントロールできて，なるべくお薬の選択を難しくしないような状況にして帰してあげたかったんだよ。でもうちの人の気持ちも強かったから……。

F　そう，本人は，何か帰りたい，帰りたいって言ってて。

B　そう，帰りたくて帰りたくてしょうがなかったんだよね。だもんでまあ，しょうがないと思って帰したんですけど。それが何となくもうちょっとうまくできるのにっていう。

F　どう出るのかの結果がわかんないままとりあえず帰しちゃったっていう感じですね。(略)

B　ただ結果はどう出るかわかんないけどね。

F　まあ，でも本当に良かったかもしれない，もしかすると。

B　そうそうそう。だからうちの人も本人も今だから帰れたって思えるかもしれないから。

F　ここまで話が通じちゃうのかな。(p.160-161)

　賀川さんが「帰りたい」と言っていたというFさんの言葉は，Bさんにも「そう，帰りたくて」と了解されるが，その流れで，Bさんが「もうちょっとうまくできるのに」と言うと，FさんもBさんも「結果」について語り，どう出るかわからないと言いながらも「良かったかもしれない」「今だから帰れたって思えるかもしれない」と同じ気持ちであることを「通じちゃう」と言って語り合う。

(2) 娘さんに感情移入した

　しかし，ここで語りは終わりを見せない。いったん「通じちゃう」ことを確認し合うと，まずはBさんが「本人よりも」「娘さんのことのほ

うが」気になっていたことを語る。親子二人しかいない家族の一方が
ターミナル期にある母親であり，他方が仕事を辞めてまで付き添う娘で
あった。そのような状態にある娘さんのほうが気になったという自身の
状態を，Ｂさんは「感情移入」と語る。

> B 本人よりも娘さんのことのほうがちょっと気になったんだよ
> ね。（略）家族背景がお母さんと本人二人しかいなくって，仕
> 事を辞めてまでこんな狭い病室で寝泊まりするぐらい面倒見た
> いって思ってて，本当にこの人がいなくなったら，この娘さん
> は一人になっちゃうんだなって思いがあって，（略）要するに，
> 感情移入しちゃうってことかな。だって自分の受け持ちでもな
> いのに（笑）。
>
> F ありがとうございました。(p.164)

　さらに続けて，Ｆさんも，「娘さん」のことが気になると語ったが，
インタビュアーである私の「同じように」という言葉はそのままの表現
で引き受けず，「やっぱ娘さんに」とＢさんと同じ言葉を使って応じる。

> F やっぱあの場合，娘さんで気になっちゃいましたね。
> B ねえ。
> 私 同じように。
> F 同じようにっていうか，やっぱ娘さんにちょっと。
> B あなたここまで頑張ってるしっていう。
> F そのちょっと娘さんに感情移入したっていう感じもありました
> けどね。(p.166)

　ここで注目したいのは，最後の語りにある「ちょっと娘さんに感情移入したっていう感じもありましたけどね」という言葉を濁した表現である。FさんはBさんと同じく「娘さんに感情移入した」と言うが，Bさんと同じとは言えない何かがあるようだ。この点は続く語りで表現される。

（3）二人の関心が分節化される

　Bさんは，先に「けどね」と言葉を濁したとおり，その流れで感情移入のみではないことを語り始める。

> B　何かこう，自分たちがやり遂げられていないのに帰られちゃうみたいな思いはあったのかな。
> F　私はここまで，何か足りないっていうのはそんなにそこまでは感じてないかもしれなくって，とにかくああいう状況であんまり帰るっていうことはあんまりないから，逆に本人は帰りたいって言ってるし，いくら帰りたいって言ってもなかなか帰れないっていうほうがいままで多かったから。（略）痛みのコントロールは確かに不十分だったけど，この勢いに乗って帰しちゃうのもいいかなって，ちょっと思っていたんですよね。（p.168）

> B　私はたぶん，その緩和ケアのところがすごい引っかかっていたんだね，今まで。（略）だからどちらかというと。私はそっちの痛みのほうにだけ目が行ってたのかなって気も今したんだけど。
> B　要するに医療者側としての提供が不十分なまま帰るっていった

200

ところに，たぶん不満足が。(p.168)

　ここでまず，Ｂさんは「自分たち」を主体として，「やり遂げられていないのに帰られちゃう」と語る。この「自分たち」には，ここまでの語りで「通じちゃう」と言ったり，両者とも娘さんに「感情移入」していたと語り合っていたりしたことから，Ｆさんも含まれていたと思われる。しかし，これを聞いたＦさんは，「私は」と言って，Ｂさんの「自分たち」から自身を引き離し，「何か足りないっていうのはそんなにそこまでは感じてないかもしれなくって」と語る。「かもしれない」と語られているのは，Ｂさんの気がかりを聞いて，必ずしも同じ「思い」ではなかったことに，ここで気づいたことの現れであろう。それは，これまでＦさんが，「ああいう状況」で家に帰れることがあまりなかったこと，さらには，「本人」が帰りたいと言ってもそれが叶わなかったことのほうが多かったことを経験してきたためであり，だからこそ，痛みのコントロールが不十分であることよりも，帰ることのほうに関心を向けていたためであったと語られている。

　このＦさんの「私は」を受けて，Ｂさんも「私はたぶん」と語り始めていることから，「自分たちが」と思っていたことは「私」がこだわっていたことであり，それはＦさんとは違う「緩和ケア」への引っかかりであった。「そっちの痛みのほうにだけ目が行ってたのかなって気も今したんだけど」と語られたことから，Ｂさんもまた「今」という対話において，自身の引っかかりが浮かび上がってきた。それは，語り始めてから，「通じる」という互いが同じく「感情移入」していた事柄の確認を経て，それを足場として，別様の引っかかりへと語りを分節化することにおいて見出された。対話において，両者がそれまではっきり自覚していなかった引っかかりや関心を言語化し確かめることができたのであ

る。

　このように，対話の経験は，実践しているまさにその時，はっきり自
覚されないままに関心が向けられていたことを，他者の言葉に触発され
つつ言語化を実現する機能をもっている。その言語化は，いつ起こるか
わからない。私はこの研究において，フォーカスグループインタビュー
を 2 年間にわたって 4 回実施した。それは，複数人での語らいを繰り返
すこと自体が，実践と対話を往復することになり，他者の言葉と自身の
実践の双方に触発されて，言葉が生み出されることを期待したためであ
る。対話式インタビューを行うにあたっても，事象の特徴に合わせて，
さまざまなデザインが可能であると考えられる。

14 | ケアの現象学(3)：フィールドワークから

西村ユミ

《**目標＆ポイント**》 現象学を手がかりにして，フィールドワークが目指していることを検討し，その検討内容とフィールドワーカーの経験をもとに，フィールドワークにおいて何が生じているのかを理解する。

《**キーワード**》 フィールドワーク，側面的普遍，急性期病院，間身体性

1．はじめに

　第13章において，ケアの探究においては，そのケアがケアする者とされる者との包含関係において成り立っているのであるから，対象から距離を置いて観察する方法によってでは捉えることができないことを確認した。それゆえに，予め方法を準備してそれを対象に適応するのではなく，対象とじかに接することにおいて，初めて方法が定まることについても指摘し，じかに接する方法として，対話式インタビューを取り上げた。本章では，この接触のもう一つの仕方として，フィールドワークを取り上げる。

　フィールドワークは，人類学において次のように記述されている。「文化を対象とする人類学者の民族誌はフィールドワークという実践によってもたらされる」（前川他，2018年，p.24）。そのフィールドワークにおいては「慣習行為や価値観，つまり『文化』の違いから，対象社会に適応できないという経験（カルチュア・ショック）を経て，なんとか模索しながら徐々に適応するプロセスを通し，対象社会の『文化』を

見いだし，同時に自らの『文化』も可視化する」(p.25)。ケアの探究においても，調査者の予めの理解とフィールドであるケアの現場のある種の習慣や実践の展望や見方に差異があるからこそ見えてくることがあると思われる。第 14 章では，フィールドワークにおいて調査者に経験されていること，それを現象学を手がかりにして検討する。また，その実践からケアがいかに見出されるのかを分析・考察する。

2．フィールドワークの意味

メルロ゠ポンティには，「モースからレヴィ゠ストロースへ」という論考があり，ここでフィールドワークに触れている。『精選シーニュ』の訳者によれば，この論考は，メルロ゠ポンティが執筆したレヴィ゠ストロースの推薦文に手を加え，末尾に一節を加えて完成させたものとされている。

（1）人類学における経験

この論考では，「人類学における経験とは，すでに総合がなされているようなある全体へと，社会的主体が参入することであり，それを私たちの知性が苦労して追求する」(S, 150/219) ことであると述べられる。この記述をもとにケアがなされている場について考えてみると，たとえば私が調査のフィールドとする急性期病院の看護師たちの実践場面は，ある文脈をもった全体として生起している。各病棟，あるいは病院はそれぞれの文化を有しており，人の出入りがそれを組み換えつつも一つのまとまりをもっている（西村, 2016 年）。行われている看護実践も，その全体から切り離すことはできずむしろその全体を形作っている営みである。フィールドワークは，そうした全体である場に調査者が入り込み，その場で起こっていることを探究する営みである。

　ここで注目しておきたいのは，入り込む調査者が何をしているのか，という点である。すでに総合がなされているようなある全体は，前章においても述べてきたとおり，外側から俯瞰的に観察をしても把握することはできない。だからこそ「参入」するのであるが，入り込むことによってまず経験するのは，「どうなってるんだろう」「何が行われているのだろう」という疑問であり，場合によっては調査者にとっての当たり前の揺さぶりである。メルロ＝ポンティの言葉を見てみよう。

　「私たちの社会的存在の装置は旅行によって解体されたり作り直されたりする。それは別の言葉を話すことを学ぶことができるのと同じだ。ここには普遍へ向かう第二の道がある」（S, 150/219）。ここでの「旅行」は，ある全体へ入り込むこととして理解できるが，入り込むのは「社会的存在の装置」としてある調査者である。旅行により，調査者と入り込んだ全体との「差異」が浮かび上がり，疑問や揺さぶりが「ぶれ」として感受される。その経験は「装置」の解体にもつながりうる経験であるが，それが作り直される契機でもあるのだ。

　ここに「普遍へ向かう第二の道」があるのだという。私はすでに，同じ総合病院に10年以上，足を運び続けている。その間，病院の建物自体が建て替えられ，調査をしていた病棟が新しくなり，新人だった看護師が中堅になっていった。当初，1対1の看護がどのようになされているのかを追いかけていたが，その後，看護部の管理の実践，救命救急センターの協働実践，地域との接点である外来，退院支援部などへと場所を移しながらフィールドワークを続けると，一人の看護師がある病室の一人の患者に対応することは，複数の看護師たちの協働実践において可能になっていること，つまり，病院の看護を代表する者の患者への関わりとして見えてくるようになるという経験をした（前田・西村，2020年）。これは，看護実践が1対1の関係において成り立つという，私に

備わっていた枠組みが解体され，作り直されて見えてきたケアのありようであるということができる。こうした私自身の見え方の変化が，普遍へ向かう第二の道へとつながっていく。

（2）側面的普遍

　この普遍は，「厳密に客観的な方法という，上にそびえ立つ普遍ではなく，民族学的経験によって獲得される側面的普遍のことだ。この経験は，自己を他者によって，他者を自己によってたえざる試練に付す」（S, 150/219-220）。そもそもフィールドワークという方法は，メルロ＝ポンティが批判する上空飛翔的な立ち位置から行われるものではない。それゆえ，その方法によって求めることは「上にそびえ立つ普遍」ではない。調査者である私は，全体である現場においてケアを行っている他者の，その存在そして営みによって吟味され，また，その他者の吟味を私において絶えず行っている。この状況においては，フィールドワーカーである自己とフィールドにおける他者は分けては考えられない。言い換えると，私は他者を対象化して捉えてはいないのである。「側面的普遍」とは，その意味でたえざる自己と他者との相対的な吟味のうちで生起する経験の様式だと言ってよい。再びメルロ＝ポンティの言葉を借りよう。「民族学とは，（略）ある種の思考様式のこと，対象が『他』であるときに課せられ，私たち自身を変容させることを求めるような思考様式のことなのである」（S, 150/220）。だから，「別の国の人間や別の時代の人間にも原理上接近可能となるような拡張された経験が構成される」（S, 150/220）のだ。

　メルロ＝ポンティは，レヴィ＝ストロースの研究について，「このように研究は，はじめは無縁なものとみえる諸事実によって豊かになり，前に進みながら新たな次元を獲得し，新たな探究によっておのれの当初の

成果を再解釈するが，この新たな探究もまた，当初の成果によって引き起こされたものなのだ。おおわれる領域の広さと事実の正確な理解が同時に増大していく」（S, 157/230-231）。調査者であるフィールドワーカーは，フィールドに養われ，それと共に新たな意味でのフィールドを知るが，それ自体も探究のなかで更新される。このたえざる自己と他者の新たな発見を通して，理解そのものが拡張していくのだ。

　こうしたフィールドワークを通して，「他の文化によって教えられるがままになるのを学ぶこと」によって，私たちは「新たな認識器官」である「野生の領域」（S, 151/221, p.221）を身につけ，これを通して他の文化と交流するようになる。

3．看護実践のフィールドワーク

　ここでは，先に触れた急性期病院でのフィールドワークデータ（前田・西村，2020 年）をもとに，調査者である私が研究参加者である看護師とのあいだでいかなる経験をしていたのかという視点で再分析する。それによって，メルロ＝ポンティが記述した「差異」や「ぶれ」が，フィールドワークの進行のなかでいかに起こっているのかを示す。

（1）何に気づいたのかわからなかった

　まず注目するのは，看護師の気づきと調査者である私との「差異」の経験である。ある日の日勤帯において，私は看護師[15]さんの実践に伴走をしていた。[15]さんは，ナースステーションで受け持ち患者Ａさんの次の点滴を準備しつつ，師長さんからの相談を受けていた。そのとき，Ａさんからのナースコールが鳴り，点滴がなくなったと訴えられたのだ。[15]さんは「忘れてたよ」と呟き，急いで点滴を準備して，Ａさんの病室である１号室に向かった。次の場面はその途中で起こった。

　　[15]さんは6号室の前を通り過ぎたところで突然止まり，後戻り
して6号室へ入って行った。4人部屋の奥2つのベッドのカーテン
が閉まっており，そのカーテンの隙間から一方の患者に声をかけ，
続いてもう一方の患者のカーテンの中に入る。（一緒に病室を見な
がら歩いていたが，私には何に気づいて6号室に入ったのかがわか
らなかった。微かな音（？）を聞いて応じた様子）(p.24)

　この時まで私は，[15]さんが概ね何を見たり気にかけたりしているの
かを把握して伴走できていた。だから[15]さんと共に，Aさんの点滴を
交換しようとして，速足で一番遠くの病室へと向かうことも可能であっ
た。しかしこの場面で，私にはわからないような微かな何かに[15]さん
の歩みは止められた。ここに「突然止まり」と書かれていることから，
[15]さんがAさんの病室のほうへと関心を向け続け，私もその関心に
沿っていた，それが突如として裏切られたことがわかる。言い換える
と，このとき[15]さんが気にかけた何かが調査者である私には全くわか
らなかったのだ。
　看護実践に伴走をしていると，看護師が何に関心を向け，何をしよう
としているのかが，概ね把握できる。だから，速足で何かに向かうその
動きにも合わせることができる。しかし，それがいつも叶うわけではな
い。ここで「突然止まり」が何によるものかわからなかった，という経
験は，看護師の展望と調査者である私の展望とのあいだにずれが起こっ
ていることを意味している。[15]さんはこの日，チームのリーダーとい
う役割を担っていた。そのため，自分の担当している患者のみならず，
同じチームのほかの看護師や彼らが受け持つ患者のことをも気にかけ，
そのような展望をもって動いていた。他方の私は，[15]さんの視線の先

や言動，動きへと関心を向けていた。ずれが生じたことによって，両者の関心の差異が浮かび上がってきたと言える。それは同時に，［15］さんがどのように展望をしていたのかにも目を向けることを促した。

（2）ナースコールが鳴った覚えがなかった

　この出来事については，一緒に動きながらも私にはわからなかったからこそ，インタビューで尋ねることができた。

　　私　私もいろいろ音を聞きながら歩いていたつもりだったんですが，なんの気配もあの時は感じなかったんです。なぜ聞こえたのか，何かが引っかかったのか，わからなかったんですけど，あのときのぱっと。

　　［15］たぶんあの時は，患者Cさんが，見えた，と思うんです，あの通った時に。それで，Cさんはおトイレの時にナースコールで呼んでくれて，戻る時にナースコールでまた呼んでくれるんですけど，鳴った，覚えがなかったんですよね。

　　私　コールも鳴ってなかったんですね。

　　［15］うん，コールも鳴っていなくて，カーテンから顔の気配が出ていたので，で，それがたぶん目に入ったんだと思うんですけど……。(p.25)

　ここでインタビュアーである私は，「音を聞きながら」と言っている。それは私が，［15］さんが見ているほうを同じく見ていたために，視界に映る何かではなく，聞こえてくる何かに気づかなかったと思っていたことを表している。他方で，「なんの気配もあの時は感じなかった」とも語っていることから，聞こえることに限定せず，質問をしようとしてい

る意思もあったようだ。

　[15]さんがまず語ったのは,「患者Ｃさんが,見えた」ことである。このとき同時に「たぶん」「思う」と言っていることから,はっきり視界に入ったというよりも,もっと漠然とした見え方をしていたのだと思われる。このとき[15]さんは,Ａさんの部屋に急いで向かっており,それにもかかわらず,漠然とであれ見えたことに足を止めさせられ,対応に向かったのだ。

　そして[15]さんは,Ｃさんがトイレに行く時にナースコールで呼んでくれ,戻る時にもまたナースコールで呼んでくれることを語った。そのナースコールが「鳴った,覚えがなかった」というのだ。つまり,[15]さんは「Ｃさんが,見えた」瞬間,その顔の気配に引き寄せられたのであり,その見えた顔の気配は[15]さんに,Ｃさんがトイレに動こうとしていたという意味として映り,それにもかかわらず,トイレの前にいつも応じていたナースコールが「鳴った,覚えがなかった」。言い換えると,Ｃさんの動きを意味する顔の気配は,トイレ移動とともにあるはずのナースコールの不在,つまりナースコールが鳴っていないことを浮かび上がらせたのである。だから[15]さんは,ナースコールで看護師を呼ばずにトイレ移動をしている可能性のあるＣさんの転倒を予期して急いで対応をしたのであろう。調査者の私の展望には,そのようなＣさんの状態も,Ｃさんに応じる習慣も,そこに組み込まれているナースコールも把握されておらず,そのためたとえＣさんの動きが見えたとしても,それが応ずるべき何かとしての意味をもたなかったであろう。もちろん,ナースコールが鳴っていないことに気づけるはずはない。

　このように,ずれから生じるわからない経験は,実践者と調査者との差異を浮かび上がらせ,同時に,その内実へと迫ることを可能にするのである。

(3) こうやってぶつかって

　同じ病棟で，別の看護師[25]さんの実践に同伴したときには，本人が行った記憶にないことが浮かび上がってきた。患者Dさんは，肺がんの頸骨転移によって，右手のしびれと痛みを経験していた。看護師[25]さんがそのような状態にあるDさんのもとを訪れた際，次のようなやり取りがあった。

　　D　右手に力が入らんからなあ（と言いながら，右手の指を引っ
　　　　張っていると，中指が青色に変わっているのを見つける）。あ
　　　　れ，これどうしただ。
　　[25]青くなってますね。どっかにぶつけました？
　　D　知らんよ。ぶってもわからんもん。
　　[25]しびれてるから，こうしてぶつかっても（自分の手をベッド柵
　　　　にぶつけて見せながら）気がつかないかもねえ（痛そうなしぐ
　　　　さと表情をする）。
　　D　知らんなあ。ぶつけたかもしれん。
　　私　青くなって少し腫れてますね。
　　D　いつぶったか。
　　[25]気がつかないうちに，こうやってぶって（再度，自分の手を
　　　　ベッド柵にぶつけて見せながら），あざになったかもしれない
　　　　から，ぶつからないように気をつけないと。(p.46)

　ここでDさんは「右手に力が入ら」ないと話しつつ，自分の左手で右指を引っ張ったとき，中指が青色に変色しているのを見つけた。Dさんが「あれ，これどうしただ」と驚いていることから，これまでそれに気づいていなかったこと，つまり内出血を起こすような出来事にも青く変

色した指の状態にも気づいていなかったことを示している。このとき
[25] さんと私は，Ｄさんの青色に変色した中指を一緒に確認したため，
私にも内出血をしていることが見て取れた。しかし，[25]さんはすぐさ
まＤさんに起こったであろうことに言及せず，「青くなってますね。
どっかにぶつけました?」と問いかける。それに応じてＤさんは，「知ら
んよ。ぶってもわからんもん」と，右手をぶつけた可能性があること，
そしてそれを感じられない自らの状態に言及する。

　ここで[25]さんが，「どっかにぶつけました?」と敢えてＤさんに質
問をするのは，その経験者がＤさんであることへの配慮の現れであろ
う。つまり，ぶつけたことや，その際に経験されうる痛み，それがしび
れのために感じられなかったであろうことも含めて，Ｄさんに起こった
出来事である。それを [25] さんが先んじて説明することは，Ｄさんの
経験を奪うことになりかねない。だから[25]さんは，Ｄさんが「ぶって
もわからんもん」と語ってから，さらに，「いつぶったか」というＤさ
んからの質問に応じてはじめて，「しびれてるから，こうしてぶつかっ
ても気がつかないかもねえ」「こうやってぶって，あざになったかもし
れない」と原因となったこととそれによって起こった「あざ」を語った
のだ。

　ここで注目をしたいのは，[25]さんが二度も「こうしてぶつかって」
と言いながら，自分の手をベッド柵にぶつけてＤさんに見せていること
である。実際にぶつけて見せることで，起こった出来事を再現し，それ
を確認しているように見える。同時に，手をぶつけた[25]さんが痛そう
なしぐさや表情をしていたことから，しびれて感覚のない手がどのくら
いの衝撃を受けていたのかを，その再現を通してＤさんに示していたよ
うにも見えた。それは[25]さんがＤさんに向かって，「気がつかないう
ちに」再び「ぶつからないように気をつけないと」と言っていることか

212

ら，Ｄさんに注意を喚起するためでもあったと思われる。同時に再現により，Ｄさんとその感じ得る痛みを分かち持っていたとも言える。

　上述したとおり，[25] さんに同伴していた私は，この出来事を見聞きして，フィールドメモに書き留めていた。しかし，その後のインタビューでこれを問うても，[25]さんは覚えていなかった。ベッド柵に手をぶつけて痛みを経験していたにもかかわらず覚えていないということは，[25]さんにおいて，それが特別なことではなく，むしろ日常的に患者とのあいだで取り交わされていることの一つであったためであろう。患者の状態を再現し，患者と同じ経験をして見せること。患者が感じられたであろうにもかかわらず，しびれのために感じられないそれを看護師が感じること。このように，看護師と患者とが，一つの身体において起こる感覚を分かち持つことは，メルロ=ポンティの言葉を借りると，「間身体的」（S, 213/256）な経験において成し遂げられていたと言える。加えると，当たり前に行われているこの営みは，フィールドワーカーとして私が看護師に伴走し，そこで起こったことを見て取ったからこそ記録できたことであり，振り返って語ってもらったのでは見出せないことであったと言える。このように，実践者において当たり前なふるまいは，フィールドワークによってこそ見出され，その意味と共に記述されるのである。

　ここに記述したことで，課題と思われることも見えてきた。メルロ=ポンティは，神話の構造を認識する際，現地でインフォーマントの語りを聞くように，「明白な内容だけではなく，抑揚や調子やリズムや繰り返しなどを聞くのである」（S, 151/222）と述べている。病院の調査においてももちろんこれらを繰り返し聞き取っており，知らぬ間に身体化しているが，それを言葉にするのは難しい。今後も継続して取り組む必要のある課題である。

4. ケアの現象学の実際

　近年，現象学を手がかりとしたケアに関する書籍が多数出版されている。この節では，最後に「ケアの現象学」に関わる書籍を紹介する。

　まず，本書の筆者でもある榊原が著した『医療ケアを問いなおす：患者をトータルにみることの現象学』(筑摩書房，2018 年) は，人工透析を受ける患者の例を柱とし，現象学および各現象学者による書物の概要，さらには，ケアと現象学とを関連づけた書籍の論点と人工透析を受ける患者の例とを交差させて，新たなケアの現象学を展開している。現象学に関する書物をわかりやすく紹介しているという意味では入門書にも位置づけられるが，同時に，ケアの現象学を展開している書物でもある。ケアの現象学については，西村・榊原の共編著である『ケアの実践とは何か：現象学からの質的研究アプローチ』(ナカニシヤ出版，2017 年) も関係が深い。「現象学」という哲学の概要と主たる哲学者の書物を紹介し，それを踏まえたうえで現象学的方法が解説されている。さらに，現象学を手がかりとした質的研究の調査方法が，その論点と共に説明され，広く多様な「ケア」の営みに注目した現象学的研究が紹介されている。

　次いで，インタビューで得られた語りの現象学的分析をしている書籍として，村上靖彦の複数の書物が参考になる。ここでは，『摘便とお花見：看護の語りの現象学』(医学書院，2013 年)，『交わらないリズム：出会いとすれ違いの現象学』(青土社，2021 年)，『ケアとは何か：看護・福祉で大事なこと』(中央公論新社，2021 年) を紹介する。これらの書物では，看護師やヘルパーなどの支援者や当事者へのインタビューによって得た語りの現象学的分析から，「ケアの要点」が描き出されるとともに，新たなケア論が展開されている。

　博士論文を書籍化したものもある。石田絵美子が著した『「進化」する身体：筋ジストロフィー病棟における語りの現象学』（ナカニシヤ出版，2019 年）は，筋ジストロフィー病棟に長期にわたって足を運び，そこで暮らす患者たちや看護師，家族の経験を聞き取り，その成り立ちが現象学を手がかりに分析，記述された成果である。また，坂井志織が著した『しびれている身体で生きる』（日本看護協会出版会，2019 年）は，その多くをフィールドワークで得た情報におっている。しびれという経験は，それを経験する者に問うことで，その成り立ちが見えにくくなる。そのため，〈しびれている身体〉で生きる者たちの傍らで彼らの言葉を受け止めつつ，その経験を現象学的に記述し，同時にしびれのケアの成り立ちを解明している。山内典子は，『看護をとおしてみえる片麻痺を伴う脳血管障害患者の身体経験』（すぴか書房，2007 年）という書名のとおり，著者が自ら行った看護実践を通して，脳血管障害者の経験世界を解釈学的現象学の方法によって開示している。また同時に，行った看護自体もそこから見えてくるとし，患者の経験と看護とが表裏一体であることが示される。

　これらは，本書で紹介したケアの現象学の具体例であり，現象学や解釈学的現象学を手がかりとした研究例でもある。多様なケアの現象学の幅広い理解を導く書籍として参考になる。

15│現代に生きる現象学

西村ユミ・本郷均・榊原哲也

《目標＆ポイント》　現象学の展開が「事象そのもののほうから」という精神に貫かれてきたことを改めて振り返り，認識論から存在論へという傾向が強い現象学の展開においても認識論的視点が重要であることを理解する。
《キーワード》　共存在，側面的普遍，身体化した知性／知性化した身体，認識論と存在論，距離のパトス

本章では，テキスト執筆者3名が各々，本書のこれまでの歩みを振り返るとともに，「現代に生きる現象学」の射程と今後の可能性について考察を行う。

1．ハイデガーを手がかりとした現象学的分析（西村ユミ）

（1）なぜハイデガーの現象学か

　具体的な事象の分析を示した第12〜14章では，メルロ=ポンティの現象学を手がかりとした検討が中心であった。本節では，ケアの現象学において，ハイデガーの現象学がいかなる事象の解明において手がかりとなりうるのかを考えてみたい。

　まず，現象学的研究においては，事象の特徴のほうが方法を定めることを再確認しておきたい。たとえば第12章において，植物状態患者と看護師との関係を探究する際にメルロ=ポンティの現象学を手がかりにしたのは，その事象が自覚する手前の身体性の次元における経験へと立ち帰り，そこからその関係がいかに成り立っているのかを問うことが求められたためである。

　本節で紹介するのは，私が行った急性期病院の調査において，呼吸
器・循環器病棟のＡ師長が，勤務のために病棟へ向かって歩いていく際
に経験したこと，および病棟内の管理室（ナースステーション）に入っ
た際に起こった出来事である（西村，2014年）。私と共同研究者は調査
者として，看護師たちの更衣室前からＡ師長に同伴し，一緒にＡ師長が
管理者となっている病棟に向かって歩いていた。第3章第2節におい
て，「ハイデガーにとっては，通常私たちに隠されている『存在者の存
在』や『その意味』こそが，『自らその姿を見せてくるもの』すなわち
『現象』であるべきであり，そうした『存在者の存在』や『その意味』
を『見えるようにする』方法こそが，『現象学』なのであった」と述べ
た。ここで注目したいのは，「通常私たちに隠されている」という点で
ある。Ａ師長とともに，病棟へ向かって歩いていくと，その途中で「今
日は良いですね」と彼女が呟いたのを聞いた。病棟は廊下のずっと先で
あり，調査者である私には，何も見えていなかった。他方で，Ａ師長に
とっては，すでに「良い」という意味が現れてきていた。この点から，
二つの意味で「通常私たちに隠されている」ことがこの事象にはあり，
それを見えるようにすることで，看護師長の経験を開示できる可能性が
ある。

　一つ目は，Ａ師長にはすでに「良い」が現れているが，その良いがど
のように成り立っているのかが隠されている。二つ目は，調査者の私に
は，廊下の先には何も見えておらず，「良い」という意味は浮かび上
がってこなかった。通常私たちに隠されているものを「見えるようにす
る」というハイデガーの現象学は，この「今日は良いですね」という事
象が，隠されている事柄とともにいかに成り立っているのかを探究する
手がかりになると思われる。ここでは，第3章で紹介したハイデガーの
記述を参照する。

（2）廊下の向こうの道具から働きかけられる

　A師長の「今日は良いですね」と呟いたときの状況について，詳しく見て行こう。そもそも更衣室の前からA師長に同伴しようと思ったのは，彼女が更衣室から病棟に向かうその途中からすでに，病棟の状況を感じようとする「アンテナが立つ」と教えてくれたからである。その時の状況をまずは紹介する。

　　看護師たちの更衣室は，病棟とは別の建物にあった。更衣室付近の廊下や階段では，すれ違う全ての人が「おはようございます」と言葉を交わす。私たちも，知らぬ間にその挨拶に参加していた。
　「おはようございます。よろしくお願いいたします」。「おはようございます，じゃあ，行きましょうか」。更衣室から出てきたA師長と言葉を交わし，そのまま廊下を左に折れると，まっすぐ続く長い廊下に出る。この一番奥がA師長の病棟だ。A師長の，廊下のその先へと視線を向けつつ歩むリズムに合わせて，私たちも廊下の奥の方に視線を向けながら一緒に歩いた。途中で，「今日は良いですね」とA師長が呟く。そう見た理由を「救急カートもストレッチャーも何も出てないですね」と続けて話してくれた。（略）A師長は，廊下のずっと先からそのような「空気」を見て取っていたのだ。
　「空気を感じる」と言いながら歩くA師長は，はっきり病棟の状況をわかっていたわけではないようだが，遠くにいながらも，わずかに見えてくることを手がかりにして，病棟の状況を先取りして見て取っていた。（西村，2014 年，p.31-32）

私たちはA師長に挨拶をし，A師長も「じゃあ，行きましょうか」と

促してくれる。行くその先は，Ａ師長が管理をしている病棟であり，「まっすぐ続く長い廊下」の一番奥に，Ａ師長も私たちも視線を向けつつ歩いていく。その時に「今日は良いですね」とＡ師長が呟いたのだ。この「今日」という言葉に注目すると，Ａ師長は病棟に入る以前から，「今日」を見ており，それに「良い」という意味を与えている。この言葉に続けてＡ師長は，「救急カートもストレッチャーも何も出てないですね」と，良いことの理由を教えてくれる。救急カートは，普段はナースステーションに置かれているが，急変した患者がいると，その処置のためにこれを患者のベッドサイドに持ち込み，すぐさま処置が行われる。薬剤や処置のための物品が入っており，外見も赤色でとても目立つ。ストレッチャーは，患者を運ぶための移動式ベッドである。つまりこの両者は，「～のための」ものという意味で，ハイデガーが記述した「道具」という意味を有している。遠くのほうから病棟をまなざすＡ師長に，これらが廊下に出ていないことが働きかけてきており，それがＡ師長に，「空気」として漠然とであれ感じられ，「今日は良い」と了解される。

　これらのことから，Ａ師長は自覚的に一つひとつの道具の有無を見て取っているわけではない。「良い」ことがまずはＡ師長に浮かび上がるが，それには，急変をした患者に，蘇生などの処置のために救急カートが運び込まれ，場合によっては，大部屋での処置が難しいために，患者を別の病室に移動をさせて救命処置が行われ，それが終わってなお，片付けられないままの救急カートなどが廊下に出されている，という状態がないという全体性のうちで「良い」という意味に出会われる。言い換えると，Ａ師長はつねにすでに，出勤時に廊下をまなざすことで，そのつど，馴染みの病棟のほうから廊下に出ている諸々の道具やそれを用いる他者のほうから働きかけられ，何かをするために適した道具という意

味を帯びて，その全体的連関のなかに位置づけられた「〜のための」ものやそれがないことを見て取ろうとしているのである。

　それはいつも，廊下の先の病棟の前にあるわけではないが，あり得るものとして，A師長には見て取られており，「今日は良い」は，「今」それがないことを意味するが，同時に，日勤につながる夜勤という過去にそれらを使うような事態がないこと，あるいは使ったとしても片づけられる状況にあること，さらにはその過去によって「今日」というこれからの勤務，つまり未来が，そうした事態が起こっていない状態から開始される勤務として浮かび上がる。言い換えると，「良い」とされる「今日」は，過去の状態から先取りされた未来という幅のある時間として意味づけられている。

（3）他者を気遣うものとして存在する

　この後，A師長が「おはようございます」と言って管理室に入ると，その場にいた看護師たちの関心，つまり注意の濃度が大きく揺らいだ。中央テーブルの周りで記録をしていた夜勤看護師の二人から，パッと視線が向けられた。これは，毎朝繰り返されていたことから，廊下の向こうからすでに，師長は管理室にいる看護師たちに，何らかの働きかけを受けることをいつものこととして先取りしていたと思われる。そうであれば，「救急カートもストレッチャーも何も出てない」ことには，それを使うためのものとして持ち出しうる看護師たちのことも現れており，ハイデガーの言葉を借りると，A師長は，道具を配慮的に気遣う者として看護師たちを見て取るとともに，そのように配慮的に気遣うという在り方をしている看護師たちを気遣ってもいるのである。

　さらに先に述べたとおり，救急カートやストレッチャーは，患者に急変があった時などに，患者を救命するために，救命のための場所に移動

をさせるために用いられる。そうであれば，看護師たちの道具への配慮的気遣いは，「救命するため」「移動させるため」にそれらが用いられる患者への気遣いとしてあり，その意味で，「今日は良い」は病棟の患者の状態が良いことをも意味しているのである。

　そのように気遣う者としてA師長が存在するということは，A師長を病棟管理者として位置づけている。言い換えると，廊下を歩きつつ病棟へ向かうA師長は，病棟に居る看護師たちと道具の全体的連関である病棟，その病棟で看護を受けている患者への配慮をすでに分かち合っており，その意味で病棟は「共世界」であり，つねに病棟の看護師たちや入院患者たちと共にある共存在として師長は存在するのである。加えて，「今日」を「良い」状態として引き受けることは，師長が自らを気遣う者としても存在しており，病棟に入る前から病棟管理者として自らを位置づけていると言ってよい。

（4）顧視と追視によって現れる

　本書の第3章第2節において，ハイデガーが配慮的気遣いと区別して，他者たちへの気遣いを「顧慮的気遣い」と名づけたことを述べた。顧慮的気遣いにおいては，「他者の気遣いそのものが気遣われる」。そして，この顧慮的気遣いは，他者のそれまでのふるまいや言動を顧みて見る「顧視」，および他者のそれまでのふるまいや言動を追って見ていく「追視」によって導かれている。この気遣いとそれを見て取る「顧視」や「追視」を手がかりにして，A師長が看護師たちや患者を見る見方を議論することもできるが，ここでは，調査者である私がこれらの見方を手がかりに，A師長が何を気遣っているのかを検討してみたい。

　私たちは，A師長が，更衣室から病棟に向かうその途中からすでに，病棟の状況を感じようとする「アンテナが立つ」と教えてくれたからこ

そ，それを調査しようとして更衣室から一緒に病棟へ向かうことを計画
した。実際に更衣室前でA師長を待つと，その前を通っていく看護師を
はじめとする病院スタッフの皆から，「おはようございます」と挨拶を
され，私たちもそれに応じていた。つまり，その場にいる私たちはすで
に，病院スタッフから，今日の勤務に向かう者として気遣われていたの
である。また，それは私たちに，その場に居ることを認められているよ
うな感覚を覚えさせたのだ。その私たちが，A師長と一緒に病棟へ向か
うということは，A師長の気遣いを，その場に共に居るものとして追っ
て見ていくこと（「追視」）を可能にし，その状態において聞き取った
「今日は良いですね」という呟きは，私たちにとって顧みるべき言葉と
して注目される。そして，それが顧みられることによって，世界内存在
としてA師長がいかにあるのかを浮かび上がらせることにつながったの
である。

　このように見てくると，調査者も，研究参加者である他者と共に分か
ち合う世界に，共存在としてあることが求められると言える。そしてそ
れは，更衣室の前でA師長を待っているときに，病院スタッフから挨拶
をされそれに応じる，という病院の日常と共に可能になった。もちろん
A師長もその日常の連関を共に形づくっている。

　ハイデガーの現象学による分析を試みて，こうした調査者の存在の仕
方についても検討が可能となった。まだ分析の入り口であるが，ケアの
現象学においてハイデガーの現象学の可能性の一端を示せたと思う。

2. メルロ=ポンティと自－他の問題（本郷均）

　第1章から第9章まで，フッサールによる創設以後，シェーラーおよ
びハイデガーによって展開され，さらにレヴィナスやサルトル，メルロ
=ポンティに引き継がれていくという現象学の流れを通覧した。こうし

222

て見ると，この潮流が，現象学運動と呼ばれる理由もわかってくる。現象学は，後続の哲学者一人ひとりが，自分に現れてくる事象に従って諸概念を初めから鋳造し直すことによって生起し継続しているのである。さまざまな領域での事象に促され，事象に問いかけようとするとき，フッサールという〈他〉に倣って自ら はじめること，この運動が連鎖しているのである。

〈他〉の問題は，第9章で取り上げたレヴィナスの根本問題の一つであるが，メルロ=ポンティの場合にはどうか。この点について，第14章で論じられている「側面的普遍」の「側面的」という考え方，および第10章で論じられているベナーの「身体化した知性」という考え方を手がかりにして，検討しよう。

（1）側面と普遍

「側面的（latéral）」という語をメルロ=ポンティは説明せずに使っているが，この意味を探ってみよう。この語が使用される際に「斜行的（oblique）」と「間接的（indirect）」が同時に使われることがある。「側面的ないしは斜行的な意味（sens latéral ou oblique）」（S, 58/113），「側面的で間接的な意味作用（signification latérale ou indirecte）」（S, 94/173）などである。普遍との関係では「斜行的な普遍（universalité oblique）」（S, 176/1-229）という表現が確認できる。

この三つの語に対義語を並置してみると，側面的－正面的[1]，斜行的－直行的，間接的－直接的，となる。こうすると，右項が標準的で，左項は付随的ないし一段劣っているようなイメージを受けるかもしれない。なぜ，そのような言葉づかいをするのだろうか。

---

[1] 第14章第2節(2)の引用でのように，「上にそびえ立つ」と対比される例もある。

　ここでは「側面的ないしは斜行的な意味（sens latéral ou oblique）」を例として検討しよう。これは「間接的言語と沈黙の声」（『シーニュ』所収）で，「表現的なパロル」，つまり〈何かを言おうとしているのだがまだ言われておらず，まさに生まれ出ようとしている意味〉について論じる場面で現れている。これを正面から捉えてみると，そこで直接現れてくるのは，どれもすでに見知った語であり文法規則でしかない。にもかかわらず，そこには全体としては特有の言葉の使い方（<ruby>文体<rt>スタイル</rt></ruby>）が現れており，その現れ方によって，これまで表現されたことのない意味が現れる。そのような意味の現れ方を「側面的」「斜行的」さらには「間接的」と呼んでいる。これは，対象を分析する視点でアプローチしても見えてこないが，対象に入り込んで馴染んでくればおのずと見えるようになるものである。第 8 章で挙げた作家や哲学書の例のほかにも，ある文化圏に暮らしてみて初めて（他の言語にはすんなりとは翻訳しにくい）言葉の微妙なニュアンスがわかるという経験を省みれば理解されるだろう。

　ここに，メルロ゠ポンティが自分の存在論を「内側からの存在論」（VI, 290/345）と呼び，「私の《間接的な》方法（略）だけが，存在に適している」（VI, 233/253）と言うことを考え合わせてみる。すると，メルロ゠ポンティが定位するのは，上空飛翔することなくあくまで人間の経験から開かれる場面であり，この場面では，左項のほうが人間の認識の基本条件でもあり制約でもあることになる。

　では，「普遍」との関係ではどうか。「側面的普遍」は第 14 章でも示されているように文化人類学についての論考のなかで使われ，「斜行的な普遍」は「どこにもありどこにもない」（『シーニュ』所収）で東洋哲学について述べるなかで現れている。いずれの場合も異文化との接触について述べられる場面である。これも，正面（西洋哲学）から相対する

224

と東洋哲学は異質なものとしか見えない。しかし，いずれをも「人間と存在との関わり方」（S, 176/1-229）の様式という観点から捉えると，互いに糸の向き・方向は異なれども同じ生地に織り込まれているものとして見えてくる。他なるものとの出会いによって，互いの意味が問いただされ，その偏差から浮かび上がってくる普遍性が論じられているのである。

（2）身体と知性

次に，第 10 章で論じられた「身体化した知性（embodied intelligence）」について検討してみよう。ベナーらも論じているように（cf., PC 42/48），この概念はデカルトの心身二元論の立場からすればありえないものである。デカルトは心身の区別と合一という矛盾を人間精神は考えられないとしたが（第 6 章参照），この表現は，その矛盾を一語で表している。これは矛盾しているがゆえに無意味な表現なのか。

ここで，「身体化した知性」を「知性化した身体」と言い換えてみる。メルロ＝ポンティがしばしば行う言葉遊びとも見える交叉配列という詩の技法だが，このように表現することで，身体と知性とが相異なり相互に排他的な二つのものではなく，同じ一つのものの二つの極であることが側面的に見えてくる（正面から見ると，相変わらず矛盾である）。となると，ここで考えるべきはむしろ，「身体」および「心」や「知性」という言葉は，それが語ろうとしている事象を十全に表現できているのか，ということである。そして，それ自体としては名指されたことのない両極のあいだを表現しようとするときに，知性のほうから見れば，フッサールの言葉を引用しての「感性的世界のロゴス」という表現が，身体のほうから見れば，「私の身体」，「習慣的身体」などの表現が現れることになる。

　ベナーらは，どちらかというと「心・知性」のほうに重きを置く。第
12 章での「植物状態患者」と関わる経験について語られた箇所を確認
してほしい。この看護実践の場面で重要なのは，まずは〈［患者はわ
かっている］ということを看護師がわかる〉ということである。そのた
め，わかることに関係する「身体化した知性」というあり方が浮き立た
されることになるであろう[2]。一方，メルロ゠ポンティからすると，その
ようなわかり方は，純粋な知性において成立しているのではなく，身体
的な包含関係（相互内属）においてこそ成立していることに強調点があ
る。同一の事柄をめぐって，他なる視点による異なる表現が現れてお
り，そこから自身の視点の位置も知られることになる。

　以上のことから明らかになるのは，自他の関係が側面的なものである
こと，そして，それぞれの視点には，〈その視点からのみ見えるもの－
その視点からは見えないもの〉があるということ，この二点である。そ
れぞれの見えるもの（部分）を足し合わせても全体とはならない。一方
で，その部分は，第 8 章でも見たように，側面的には全体を開くことの
できる「全体的部分」（VI, 271/315）である。それぞれが同じ生地に織
り込まれているために，間接的には全体と関わるという形でこのような
在り方が可能なのである。「両立し得ないが互いに他を必要とする」と
いう「相補的」（VI, 125/128）な在り方が，メルロ゠ポンティにおける
自他関係の根本にある。

---

[2] 知性が強調されている理由には，もう一点，社会的，制度的な側面がある。西洋
　的な知が理論知を偏重し，実践知・熟練に基づく知を軽視している（cf., PC,
　xv/xiii），という状況である。

3. 現代に生きる現象学（榊原哲也）

（1）事象そのもののほうから

　フッサールによって創始された現象学は，一般には，その後のいわゆる「現象学運動」の多様な展開のなかで，批判的に乗り越えられていったと見られがちである。しかし，本書において，創始者フッサールからドイツ，フランスでのその後の展開を経て，現代におけるケアの現象学の動向までの歩みを辿ってみて，改めて思うのは，フッサールの現象学においてもともと示されていた，「事象そのもののほうから」方法も考察も立ち上げていくという現象学の精神が，その後のドイツ，フランスでの展開においても，また現代におけるケアの現象学の動向においても，脈々と生き続けているということである。

　フッサールが見つめていた事象はさまざまな意味現象・意味経験を成り立たせる意識の志向性の働きであった。私たちは，第1章第1節で「現象学」とは「種々の意味現象・意味経験の成り立ちを明らかにする哲学」として展開したという見通しを立てたが，この〈意味現象・意味経験を成り立たせるもの〉が，現象学における「事象（ザッヘ）」であるとすれば，たとえば『存在と時間』のハイデガーが見つめていた事象は「世界内存在」として「実存」する現存在の「気遣い」の在り方であったと言ってよいし，またメルロ＝ポンティが見つめていた「事象」は「世界に於いて／へとある」身体の在り方，さらにレヴィナスが見つめていた「事象」は「顔」として現れる絶対的に他なる「他者」の在り方であったと言うことができるだろう。フッサール以降の現象学は多様な展開を遂げたが，それは，各々の哲学者が種々の意味現象・意味経験を成り立たせる事象を何に見定めたのかの違いによる。しかし，各々が見定めた「事象そのもののほうから」方法も考察も立ち上げられている点では，

フッサール以来の現象学の精神が確かに生き続けているのである。

　現象学の格率としては，ハイデガーが『存在と時間』第 7 節において
定式化した「事象そのものへ！」（SZ, 27）がよく知られている。し
かしハイデガーは他方，同じ第 7 節で，本書第 3 章第 2 節で述べたよう
に，「現象」と「ロゴス（学）」から成る「現象学」という表現を，古代
ギリシア語にまで遡って，「自らその姿を見せてくるものを，それ自身
のほうから姿を見せてくるとおりに，それ自身のほうから見えるように
すること」とパラフレーズしている（SZ, 34：強調は筆者による）。そ
して，これこそ「事象そのものへ！」という格率の意味するところだと
も述べているのである。

　「自らその姿を見せてくるもの」すなわち「現象」こそ，ハイデガー
にとっての「事象そのもの」であるから[3]，このパラフレーズはまさに，
「事象そのものへ！」とは，事象を「事象そのもののほうから」見える
ようにすることにほかならないと言っていることになる。ハイデガーは
この点で，フッサールの現象学の精神を的確に捉え，これを受け継いで
いるのである。

（2）認識論的アプローチと存在論的アプローチ

　しかし，そうは言っても，さまざまな意味現象・意味経験の成り立ち
について，諸対象がいかにして意識に意味を帯びて現象し認識されるの
かを意識の志向性の働きから認識論的に明らかにしようとしたフッサー
ルに対して，たとえば「世界内存在」として「実存」する現存在の「気

---

[3]　『存在と時間』で展開された「基礎的存在論」としての「現存在の実存論的分析
論」においては，「世界内存在」として「実存」する現存在という存在者の「存
在」――すなわち「気遣い」という在り方――こそ，さしあたりは自らを隠しつ
つも自らその姿を見せてくる「現象」にほかならなかった。

遣い」の在り方や「世界に於いて／へとある」身体の在り方から，さま
ざまな意味現象・意味経験の成り立ちを明らかにしようとしたハイデ
ガーやメルロ=ポンティは，明らかに存在論的な傾向を示している。ま
た，ハイデガー的な第一哲学としての存在論を批判して，第一哲学とし
ての倫理学を主張したレヴィナスも，「顔」として現れる絶対的に他な
る「他者」の在り方から意味の問題に取り組んだ点では，存在論的な傾
向を示していると言いうるように思われる。さらに，ドレイファスを通
じてハイデガーとメルロ=ポンティの現象学を受容したベナーらは，「認
識論的」な立場ではなく「存在論的」な立場に立つと明言してもいた
（PC, 41/46f.）。このように，フッサール以降の現象学の展開は，明らか
に〈認識論から存在論へ〉という傾向を示しているのである。

　けれども，ここで問いたいのは，フッサール的な認識論的アプローチ
は，存在論的アプローチによって乗り越えられたと考えてよいのか，と
いうことである。というのも，現代における「ケアの現象学」までの展
開を考えるとき，認識論的ないし認識批判的な視点は重要であり続けて
いるように思われるからである。

　確かに，一般論として，ケアの実践や研究において表立った認識論的
アプローチがとられると，他者認識や他者理解の妥当性——すなわち，
ケアの対象者である他者をどこまで正確に理解し認識したか——が問わ
れざるをえず，この問いに対して明確に肯定的に答えることは容易でな
いために，ケアの実践や研究が滞ってしまう，あるいは困難になってし
まうということが起こりうるかもしれない。むしろ，第11章第1節(3)
末尾でベナーらを引用しつつ述べたように，身体的能力，文化的背景，
時間性といった人間の存在論的構造の「共通性」によって他者理解は成
り立つものと見込んだほうが，ケアの実践や研究はスムーズに行われる
であろう。

　しかし，ベナーらのテキストを注意深く読むと，実はベナーらは，
「共通の文化的背景や共通の状況を有する人々」に関しては「共通の意
味」や「共通の関心」があることを見込んでよいと限定的に述べている
のだ（PC, 98/113）。とすれば，ベナーらの現象学的看護理論において
も，「共通の文化的背景や共通の状況」をもたない人々については，共
通の意味や関心を見込むことはできず，他者理解も容易に成り立つわけ
ではないことになるだろう。さらに，第 10 章第 3 節 (3) で述べたよう
に，背景的意味は「自分の属する文化，サブカルチャー，家族を通じて
与えられる」が，その取り入れられ方は「各人各様」である。したがっ
て，同じ「文化的な背景的意味」を有していると思われる人々のあいだ
でも，各人の背景的意味と「文化的な背景的意味」とのあいだにはズレ
が生じうるのである（cf. PC, 46/53）。
　とすれば，ケアの実践や研究において，人間の存在論的構造の共通性
を一様に前提してしまうと，自らの理解の枠組みを共通のものと思い込
み，この枠組みで他者を理解する独善や暴力が生まれる危険性があるの
ではないか。そもそも，ベナーらにおいても，各人がもつ背景的意味
は，「意識的反省」によって捉えようとしても完全には捉えられないと
されていた（cf. PC, 46, 47/52, 53）。とすれば，ベナーらのように人間
の存在論的構造の共通性を前提する場合でも，ケアの対象者を本当に理
解できているのかどうかを改めて問い吟味する批判的な認識論的眼差し
は，つねに携えている必要があるのである。

（3）距離のパトス

このことに関して，私はここで「距離のパトス」という概念を提示してみたい。この概念はニーチェの『道徳の系譜』に見られるものだが[4]，私はこれを，ニーチェの文脈とは異なり，他者と自己との存在論的かつ認識論的な「距離」の感受性として理解してみたい[5]。すなわち，〈他者と自己とは必ずしも共通性を見込めるような対等な在り方をしているものではなく，それゆえ他者と自己とは互いに容易に理解し認識し合えるような関係でもないことの自覚〉として，「距離のパトス」を捉えたいのである。ケアの実践や研究において，ケアの対象者を自分は本当に理解できているのかをそのつど問い直し吟味する認識論的な眼差しが機能するためには，このような「距離のパトス」が求められる。そしてこのような「距離のパトス」によってこそ，他者を他者として尊重することも可能になると考えられるのである。

第9章で述べられたように，レヴィナスは，「顔」として現れる絶対的に他なるものとしての「他者」の現前とこの「他者」からの倫理的要請をきわめて極限的な形で提示した。レヴィナスが見つめていた事象と，ケアの実践や研究が見つめる事象とは同一ではないので，この倫理的要請を，そのままの形でケアの実践や研究の文脈に持ち込むことには

---

[4] ニーチェの用法としては，たとえば，以下を参照。「病人が健康な者を病気にさせないこと（略）このことがこの地上での最高の見地であるべきなのだ。——しかしそのためには，何よりもまず，健康な者が病人から隔離され，病人の姿を見ることさえないようにされていること（略）が必要である。それとも，看病人か医者であることが健康な者の任務だとでもいうのだろうか？　（略）高級な者は，低級な者の道具にまで自分を貶めるべきではないのであり，この距離のパトス（Pathos der Distanz）がこれら両者の任務を永久に引き離しているべきなのだ！」（ニーチェ，528頁）。

[5] この概念の捉え方については，野家啓一から示唆を受けた。野家（2015年），200, 205；榊原（2015年 a），124-125.

慎重でなければならないが，他者と自己との存在論的共通性を無批判に
前提したり，他者を自己の理解の枠組みで理解したりすることへの警鐘
として，レヴィナスの倫理的要請を理解することができるのであれば，
レヴィナスの思想と，ケアの実践や研究に必要な上述の「距離のパト
ス」との結びつきが見えてくるであろう。

（4）「ケアの現象学」における認識論的視点

　第 12〜14 章で紹介された「ケアの現象学」は，第 10〜11 章で扱われ
たベナーらのように，予め人間の存在論的構造を前提することはない。
また，個別の事例から複数の事例，さらにはすべての事例に共通する構
造へと性急に一般化することもない。むしろ，そのつどの文脈に埋め込
まれた個別の事例にとどまりつつ，自然科学的・医学的な先入見や二元
論的なものの見方を慎重に遠ざけつつ，見つめられている事象そのもの
のほうから方法や考察を立ち上げていく。考察の過程で，西村において
は，メルロ゠ポンティやハイデガーの現象学的存在論の知見が参照され
ることもある。しかし，さまざまな先入見を一つひとつ棚上げして当事
者の経験という事象に立ち返ろうとする姿勢には，明らかにフッサール
的な認識批判的眼差しが息づいている。見つめられている事象そのもの
のほうから方法や考察を立ち上げていく以上，そのようにして立ち上げ
られたはずの方法や考察が，当の事象そのものに即して妥当であるか否
かを認識論的ないし認識批判的に改めて吟味する方法論的な作業も重要
な課題となるのである。

（5）現代に生きる現象学

　現代における「ケアの現象学」の展開は，ベナーらの現象学的看護理
論のように，既存のハイデガーやメルロ゠ポンティの現象学の知見を前

提し応用したものではなく，ケアという事象そのもののほうから方法も
考察も立ち上げようとする営みであるため，そこで得られた知見が，既
存の現象学に見直しを迫るということも起こりうる。第4章および第
11章の末尾で触れたように，ハイデガーの「顧慮的気遣い」や「先駆
的決意性」，また先駆的決意性から導き出される「時間性」といった諸
概念は，ケアという事象そのもののほうから，見直される可能性があ
る[6]。現象学は，「事象そのもののほうから」方法や考察を立ち上げてい
くその本来の精神によって，「ケアの現象学」の展開のなかで，自ら変
容していく可能性を秘めている。それが「現代に生きる現象学」のあり
のままの姿である。

---

[6] また村上靖彦（2018年）は，訪問看護の実践という事象から，現象学的分析を
通じて，自分の死を特権化し日常性から切り離したハイデガーの「死」の概念を
問いなおしている。

文献表

☆配列は著者の姓の ABC 順である。

☆訳文は，行論の都合上，必ずしも邦訳と同じではない。訳者諸氏のご寛恕を請う。

Andrews, K., Murphy, L., Munday, R., et al., "Misdiagnosis of the Vegetative State : Retrospective Study in a Rehabilitation Unit ". *BMJ*.313 : 1996, pp.13-6.

Beauvoir, Simone de, *La force de l'âge*, Gallimard, 1960 (Folio, 1986)：ボーヴォワール『女ざかり』（上下）朝吹登水子，二宮フサ訳，紀伊國屋書店，1963 年。

Benner, Patricia, *From Novice to Expert* : *Exellence and Power in Clinical Nursing Practice*, Addison-Wesley, 1984 (Commemorative Edition, Prentice Hall, 2001) ［=NE］：ベナー『ベナー看護論　新訳版　初心者から達人へ』井部俊子監訳，医学書院，2005 年。本書からの引用は，略号 NE のあとに原著と邦訳の頁数をスラッシュで挟んで併記する形で示す。

Benner, Patricia & Wrubel, Judith, *The Primacy of Caring. Stress and Coping in Health and Illness*, Addison-Wesley, 1989 ［=PC］：ベナー／ルーベル『現象学的人間論と看護』難波卓志訳，医学書院，1999 年。本書からの引用は，略号 PC のあとに原著と邦訳の頁数をスラッシュで挟んで併記する形で示す。

Cohen, M. Z. & Omery, A. "Schools of phenomenology : implications for research," in : Morse, J. M. (ed.), *Critical Issues in Qualitative Research Methods*, Thousand Oaks London/New Delhi : Sage, 1994.

Descartes, René, "Lettre à Élisabeth, 28 juin 1643", dans *Descartes*, Pléiade, Gallimard, 1953：『デカルト＝エリザベト往復書簡』山田弘明訳，講談社学術文庫，2001 年。

Dreyfus, Hubert L., *Being-in-the-World. A Commentary on Heidegger's Being and Time, Division I*, MIT Press, 1991 ［=BW］：ヒューバート・L・ドレイファス『世界内存在──『存在と時間』における日常性の解釈学』門脇俊介監訳，榊原哲也・貫成人・森一郎・轟孝夫訳，産業図書，2000 年。本書からの引用は，BW という略号のあと，原著のページ数と邦訳のページ数をスラッシュで挟んで指示する。

Foucault, Michel, "La vie：l'expérience et la science", dans *Dits et écrits* Ⅱ, 1946-1988, Quarto, Gallimard, 2001：「生命－経験と科学」廣瀬浩司訳，『フーコー思考集成 Ⅹ』所収，筑摩書房，2002 年。

Giacino, J. T., Ashwal, S., Childs, N., et al., "The Minimally Conscious State：Definition and Diagnostic Criteria", Neurology, 58（3）：2002, pp.349-353.

合田正人『レヴィナス──存在の革命へ向けて』ちくま学芸文庫，2000 年。

合田正人『レヴィナスを読む：〈異常な日常〉の思想』NHK ブックス，2011 年。

グレッグ美鈴・麻原きよみ・横山美江編著『よくわかる質的研究の進め方・まとめ方──看護研究のエキスパートをめざして』医歯薬出版，2007 年。

箱石匡行『フランス現象学の系譜』世界書院，1992 年。

Heidegger, Martin, *Sein und Zeit*, Max Niemeyer Verlag, 1927 ［=SZ］：原佑・渡邊二郎訳『ハイデガー　存在と時間』Ⅰ，Ⅱ，Ⅲ（中公クラシックス　W28，29，30，2003 年）；辻村公一・ハルトムート・ブフナー訳『有と時』（ハイデッガー全集第 2 巻，創文社，1997 年）；細谷貞雄訳『存在と時間』上・下（ちくま学芸文庫，1994 年）；高田

珠樹訳『存在と時間』（作品社，2013 年）；熊野純彦訳『存在と時間』（一），（二），（三），（四）（岩波文庫，2013 年）。本書からの引用は，SZ という略号のあとに原著のページ数（場合によっては節番号も付記）を示すことで行う。上に挙げた翻訳にはすべて，欄外に原著のページ数が記されている。

– –, *Being and Time*. Macquarrie J, Robinson E（trans.），New York：Harper & Row, 1962.

– –, "Brief über den Humanismus", in *Wegmarken*（Gesamtausgabe 9），Vittorio Klostermann, 1976 ［=UH］：『「ヒューマニズム」について』渡邊二郎訳，ちくま学芸文庫，1997 年。本書からの引用は，略号UH のあとに原著と邦訳の頁数をスラッシュで挟んで併記する形で示す。

藤野寛『キルケゴール』岩波書店，2014 年。

Husserl, Edmund, *Cartesianische Meditationen und Pariser Vorträge*, hrsg. von Stephan Strasser, Husserliana Bd. I, Martinus Nijhoff, 1950 ［=Hua I］：フッサール『デカルト的省察』浜渦辰二訳，岩波文庫，2001 年。フッサールのテキストからの引用は，慣例に従い，ドイツ語のフッサール全集（Husserliana）の略号 Hua のあと，巻数をローマ数字で，ページ数をアラビア数字で表記して示す。邦訳がある場合は可能な限りそれも示す。ただし訳語は変更している場合がある。

– –, *Ideen zu einer reinen Phänomenologie und phänomenologischen Philosophie. Erstes Buch. Allgemeine Einführung in die reine Phänomenologie*, hrsg. von Karl Schuhmann, Husserliana Bd. III/1, Martinus Nijhoff, 1976 ［=Hua III/1］：フッサール『イデーン I -I』渡辺二郎訳，みすず書房，1979 年；フッサール『イデーン I -II』渡辺二郎訳，みすず書房，1984 年。

－－, *Ideen zu einer reinen Phänomenologie und phänomenologischen Philosophie. Zweites Buch. Phänomenologische Untersuchungen zur Konstitution,* hrsg. von Marly Biemel, Husserliana Bd. IV, Martinus Nijhoff, 1952 ［= Hua IV］：フッサール『イデーンⅡ-Ⅰ』立松弘孝，別所良美訳，みすず書房，2001 年；フッサール『イデーンⅡ-Ⅱ』立松弘孝，榊原哲也訳，みすず書房，2009 年。邦訳には，欄外に全集第四巻原著の頁数が記されている。

－－, *Die Krisis der europäischen Wissenschaften und die transzendentale Phänomenologie. Eine Einführung in die phänomenologische Philosophie,* hrsg. von Walter Biemel, Husserliana Band VI, Martinus Nijhoff, 1954 ［= Hua VI］：フッサール『ヨーロッパ諸学の危機と超越論的現象学』細谷恒夫・木田元訳，中公文庫，1995 年。

－－, *Philosophie der Arithmetik. Mit ergänzenden Texten（1890-1901）,* hrsg. von Lothar Eley, Husserliana Bd. XII, Martinus Nijhoff, 1970 ［= Hua XII］.

－－, *Zur Phänomenologie der Intersubjektivität. Texte aus dem Nachlass. Zweiter Teil：1921-1928,* hrsg. von Iso Kern, Husserliana Bd. XIV, Martinus Nijhoff, 1973 ［= Hua XIV］.

－－, *Zur Phänomenologie der Intersubjektivität. Texte aus dem Nachlass. Dritter Teil：1929-1935,* hrsg. von Iso Kern, Husserliana Bd. XV, Martinus Nijhoff, 1973 ［= Hua XV］.

－－, *Logische Untersuchungen. Erster Band. Prolegomena zur reinen Logik,* hrsg. von Elmar Holenstein, Husserliana Bd. XVIII, Martinus Nijhoff, 1975 ［= Hua XVIII］：フッサール『論理学研究 1』立松弘孝訳，みすず書房，1968 年。

－－, *Logische Untersuchungen. Zweiter Band. Untersuchungen zur Phä-*

nomenologie und Theorie der Erkenntnis, hrsg. von Unsula Panzer, Husserliana Bd. XIX/1, XIX/2, Martinus Nijhoff, 1984 〔= Hua XIX/1, XIX/2〕：フッサール『論理学研究 2』立松弘孝，松井良和，赤松宏訳，みすず書房，1970 年；フッサール『論理学研究 3』立松弘孝，松井良和訳，みすず書房，1974 年；フッサール『論理学研究 4』立松弘孝訳，みすず書房，1976 年。

− −, *Aufsätze und Rezensionen*（*1890-1910*）, hrsg. von Bernhard Rang, Husserliana Bd. XXII, Martinus Nijhoff, 1979 〔= Hua XXII〕.

石田絵美子『「進化」する身体：筋ジストロフィー病棟における語りの現象学』ナカニシヤ出版，2019 年。

Jennet, B. & Plum, F., "Persistent Vegitative State after Brain Damage；A Syndrome in Search of a Name." The Lancet, April 1. 1972, pp. 734-37.

加賀野井秀一『メルロ＝ポンティ　触発する思想』白水社，2009 年。

加賀野井秀一『知の教科書　ソシュール（講談社選書メチエ）』講談社，2004 年。

加國尚志『自然の現象学──メルロ＝ポンティと自然の哲学──』晃洋書房，2002 年。

加國尚志『沈黙の詩法：メルロ＝ポンティと表現の哲学』晃洋書房，2017 年。

キルケゴール，ゼーレン『死にいたる病』枡田啓三郎訳，ちくま学芸文庫，1996 年。

キルケゴール，ゼーレン「ギーレライエの手記」（枡田啓三郎訳，「キルケゴールの生涯と著作活動」20 頁，バックス版『世界の名著 51　キルケゴール』，中央公論社，1979 年）。

木田元『現象学』岩波書店，1970 年。

Klee, Paul, *Das Bildnerische Denken*, Schwabe Verlag, Fünfte Auflage, 1990：

クレー「創造についての信条告白」(『造形思考 (上)』土方定一・菊盛英夫・坂崎乙郎訳, ちくま学芸文庫, 2016 年, 162-172 頁)。

コフカ, クルト『ゲシュタルト心理学の原理』福村出版, 1998 年。

九鬼周造「実存哲学」(『人間と実存』岩波文庫, 2016 年, 56-104 頁)。

Laureys, S., Celesia, G. C., Cohadon,F., Lavrijsen,J., León-Carrión,J., Sannita,W. G., Sazbon,L., Schmutzhard,E., von Wild,K.R., Zeman,A., Dolce, G. & the European Task Force on Disorders of Consciousness, "Unresponsive wakefulness syndrome : a new name for the vegetative state or apallic syndrome", BMC Medicine,8, 2010, p.68.

Lévinas, Emmanuel, *Autrement qu'être ou au-delà de l'essence*, MARTINUS NIJHOFF, 1974/Le Libre de Poche, 1990 [=AE]:『存在の彼方へ』合田正人訳, 講談社学術文庫, 2011 年。本書からの引用は, 略号 AE のあとに原著と邦訳の頁数をスラッシュで挟んで併記する形で示す。

− −, *Éthique et Infini*, Librairie Arthème Fayard et Radio-France, 1982/Le Libre de Poche, 1984 [=EI]:『倫理と無限』原田佳彦訳, 朝日出版社, 1985 年／『倫理と無限』西山雄二訳, ちくま学芸文庫, 2017 年。本書からの引用は, 略号 EI のあとに原著とちくま版の頁数をスラッシュで挟んで併記する形で示す。

− −, Kearney, Richard, *Dialogues with contemporary Continental thinkers*, Manchester University Press, 1984:「無限なものの倫理学　エマニュエル・レヴィナスとの対話」, カーニー編著『現象学のデフォルマシオン』毬藻充・松葉祥一・庭田茂吉訳, 現代企画室, 1988 年, pp.85-128 所収。本書については原書が確認できなかったため, 邦訳より引用し, (カーニー, ページ数) と表記した。

− −, "L'ontologie est-elle fondamentale?", dans *Entre nous*, Grasset, 1991:「存

在論は根源的か」『レヴィナスコレクション』合田正人編訳，ちくま学芸文庫，1999 年。

－－, *Noms propres,* Fata Morgana, 1976：『固有名』合田正人訳，みすず書房，1994 年。

－－, "Preface", dans Geraets, T.F., *Vers Une Nouvelle Philosophie Transcendantale,* Springer, 1971：ジェレーツの上掲書に寄せたレヴィナスの序文。

－－, *Totalité et Infini,* MARTINUS NIJHOFF, 1961/Le Libre de Poche, 1990 [=TI]：『全体性と無限』藤岡俊博訳，講談社学術文庫，2020 年／『全体性と無限』（上下）熊野純彦訳，岩波文庫，（上）2005 年，（下）2006 年／『全体性と無限』合田正人訳，国文社，1989 年。本書からの引用は，略号 TI のあとに原著と講談社版の頁数をスラッシュで挟んで併記する形で示す。

前田泰樹・西村ユミ『急性期病院のエスノグラフィー：協働実践としての看護』新曜社，2020 年。

前川啓治・箭内匡・深川宏樹・浜田明範・里見龍樹・木村周平・根本達・三浦敦『ワードマップ 21 世紀の人類学：世界の新しい捉え方』新曜社，2018 年。

松葉祥一・西村ユミ編著『現象学的看護研究：理論と分析の実際』医学書院，2014 年。

松葉祥一・本郷均・廣瀬浩司編著『メルロ＝ポンティ読本』法政大学出版局，2018 年。

Merleau-Ponty, Maurice, *La Nature,* Seuil, 1995 [=N]：『自然』松葉祥一・加國尚志訳，みすず書房，2020 年。本訳書には欄外に原書ページが附されているので，原書ページのみ記す。

－－, *La structure du comportement,* PUF, 1942 [=SC]：『行動の構造』滝浦静

雄・木田元訳，みすず書房，1964 年／同，新装版で二分冊，2014
年。本書からの引用は，略号 SC のあとに原著と旧版の頁数をス
ラッシュで挟んで併記する形で示す。

－－, *Le visible et l'invisible*, Gallimard,1969 ［=VI］:『見えるものと見えない
もの』滝浦静雄・木田元訳，みすず書房 1989 年／『見えるものと見
えざるもの』中島盛夫監訳，法政大学出版局，1994 年。本書からの
引用は，略号 VI のあとに原著とみすず版の頁数をスラッシュで挟ん
で併記する形で示す。

－－, "Les relations avec autrui chez l'enfant", dans *Parcours 1935-1951*,
Verdier, 1997 ［=P1］: SOR とは独立した別ヴァージョンの「幼児の
対人関係」。『眼と精神』所収，滝浦静雄・木田元訳，みすず書房，
1966 年。本書からの引用は，略号 P1 のあとに原著とみすず版の頁
数をスラッシュで挟んで併記する形で示す。

－－, "Les sciences de l'homme et la phénoménologie", dans *Parcours deux,
1951-1961*, Verdier, 2001 ［=P2］: SOR とは独立した別ヴァージョ
ンの「人間の科学と現象学」。『眼と精神』所収，滝浦静雄・木田元
訳，みすず書房，1966 年。本書からの引用は，略号 P2 のあとに原
著と邦訳の頁数をスラッシュで挟んで併記する形で示す。

－－, *L'Œil et l'Esprit*, Gallimard, 1964 ［=OE］:『眼と精神』，滝浦静雄・木田
元訳，みすず書房，1966 年／『『眼と精神』を読む』富松保文訳・
註，武蔵野美術大学出版局，2015 年。本書からの引用は，略号 OE
のあとに原著とみすず版の頁数をスラッシュで挟んで併記する形で
示す。

－－, *Merleau-Ponty à la Sorbonne, résumé de cours 1949-1952*, Cynara,
1988/Verdier, 2001 ［=SOR］: 最初の二講義のみ，『意識と言語の獲
得』木田元・鯨岡峻訳，みすず書房，1993 年。本書からの引用は，

略号 P1 のあとに原著と邦訳の頁数をスラッシュで挟んで併記する形で示す。

－－, *Notes de cours 1959-1961*, Gallimard, 1996 ［=NC］：松葉祥一・廣瀬浩司・加國尚志訳『コレージュ・ド・フランス講義録草稿 1959-1961』みすず書房，2019 年。本書からの引用は，略号 NC のあとに原著と邦訳の頁数をスラッシュで挟んで併記する形で示す。

－－, *Phénoménologie de la perception*, Gallimard,1945 ［=PP］：『知覚の現象学 1・2』竹内芳郎・小木貞孝・木田元・宮本忠雄訳，みすず書房，(1) 1967 年，(2) 1974 年／中島盛夫訳，法政大学出版局，1982 年。本書からの引用は，略号 PP のあとに原著とみすず版の頁数をスラッシュで挟んで併記する形で示す。

－－, *Résumés de cours*, Gallimard, 1968 ［=RC］：『言語と自然』滝浦静雄・木田元訳，みすず書房，1979 年。本書からの引用は，略号 RC のあとに原著と邦訳の頁数をスラッシュで挟んで併記する形で示す。

－－, *Signes*, Gallimard,1960 ［=S］：『シーニュ 1・2』竹内芳郎監訳，みすず書房，(1) 1969 年，(2) 1970 年／『精選　シーニュ』(抄訳) 廣瀬浩司編訳，ちくま学芸文庫，2020 年。本書からの引用は，略号 S のあとに原著とちくま版の頁数をスラッシュで挟んで併記する形で示す。ちくま版に収録されていない場合には，みすず版の巻数とページ数を付す。

港道隆『レヴィナス　法－外な思想　現代思想の冒険者たち (16)』講談社，1997 年。

村上靖彦『レヴィナス』河出書房新社，2012 年。

村上靖彦『摘便とお花見：看護の語りの現象学』医学書院，2013 年。

村上靖彦『在宅無限大：訪問看護師がみた生と死』医学書院，2018 年。

村上靖彦『交わらないリズム：出会いとすれ違いの現象学』青土社，2021 年。

村上靖彦『ケアとは何か：看護・福祉で大事なこと』中央公論新社, 2021 年。

中山剛史「ヤスパース」（野家啓一編『哲学の歴史　第 10 巻　危機の時代の哲学』中央公論新社, 2008 年, 221-257 頁）。

ニーチェ『善悪の彼岸　道徳の系譜』（ニーチェ全集 11）ちくま学芸文庫, 1993 年。

西村ユミ『看護師たちの現象学：協働実践の現場から』青土社, 2014 年。

西村ユミ『看護実践の語り：言葉にならない営みを言葉にする』新曜社, 2016 年。

西村ユミ・榊原哲也『ケアの実践とは何か：現象学からの質的研究アプローチ』ナカニシヤ出版, 2017 年。

西村ユミ『語りかける身体：看護ケアの現象学』講談社, 2018 年。

野家啓一「臨床と哲学のあいだ・再考」（『臨床哲学とは何か　臨床哲学の諸相』木村敏・野家啓一監修, 河合文化教育研究所, 2015 年, 181-206 頁）。

オーウェン, A. 『生存する意識：植物状態の患者と対話する』柴田裕之訳, みすず書房, 2018 年。

プラトン『国家』藤沢令夫訳, 岩波書店版,『プラトン全集』第 11 巻, 1976 年。

ラマチャンドラン『脳の中の幽霊』角川文庫, 2011 年。

Rubin, Edgar, *Visuell wahrgenommene Figuren*, Gyldendalske Boghandel, 1921.

酒井麻依子『メルロ＝ポンティ　現れる他者／消える他者：「子どもの心理学・教育学」講義から』晃洋書房, 2020 年。

坂井志織『しびれている身体で生きる』日本看護協会出版会, 2019 年。

榊原哲也『フッサール現象学の生成［方法の成立と展開］』東京大学出版会, 2009 年。

榊原哲也「フッサールとハイデガー」(『ハイデガー・フォーラム』Vol.9,
　　2015 年，112-125 頁，http://heideggerforum.main.jp/ej9data/saka-
　　kibara.pdf)(=2015 年 a)。

榊原哲也「最初で最後，本当に外線その一回きり──透析ケアの現象学試
　　論」(『哲学雑誌』第 130 巻第 802 号，有斐閣，2015 年，75-97 頁)
　　(=2015 年 b)。

榊原哲也『医療ケアを問いなおす──患者をトータルに見ることの現象学』
　　ちくま新書，2018 年。

榊原哲也「ベナーはハイデガーから何をどう学んだのか」(『立命館文学』第
　　665 号，立命館大学人文学会編，2020 年，122-135 頁)(=2020 年 a)。

榊原哲也「「気遣い」を問いなおす──看護の事象に即して──」(『実存思
　　想論集』第 35 号「実存とケア」，実存思想協会，2020 年，7-32 頁)
　　(=2020 年 b)。

Sartre, Jean-Paul, *L'Être et le néant*, Librairie Gallimard,1943［=EN］：『存在
　　と無』(Ⅰ，Ⅱ，Ⅲ)松浪信三郎訳，ちくま学芸文庫。本書からの引
　　用は，略号 EN のあとに原著と邦訳の巻数と頁数をスラッシュで挟
　　んで併記する形で示す。

──, "Une idée fondamental de la phénoménologie de Husserl", dans *Situation
　　I*, pp. 29-32, Gallimard, 1947［=UI］：「フッサールの現象学の根本的理
　　念」(白井健三郎訳，『哲学・言語論集』人文書院，15-19 頁)。本書
　　からの引用は，略号 UI のあとに原著と邦訳の頁数をスラッシュで挟
　　んで併記する形で示す。

佐々木健一監修，佐藤信夫，松尾大著『レトリック事典』大修館書店。

佐藤義之『レヴィナス 「顔」と形而上学のはざまで』講談社学術文庫，
　　2020 年。

澤田直「サルトル」(鷲田清一編『哲学の歴史　第 12 巻　実存・構造・他

244

者』中央公論新社，2008年，201-273頁）。

澤田哲生『メルロ=ポンティと病理の現象学』人文書院，2012年。

澤田哲生『幼年期の現象学：ソルボンヌのメルロ=ポンティ』人文書院，
2020年。

Scheler, Max, *Wesen und Formen der Sympathie. Die deutsche Philosophie der Gegenwart*, hrsg. mit einem Anhang von Manfred S. Frings, Franke Verlag, Bern/München, 1973 [=WS]：シェーラー『同情の本質と諸形式』青木茂，小林茂訳（シェーラー著作集第8巻），白水社，2002年。本書からの引用は，略号WSとドイツ語原典のページ数で表示する。

Spiegelberg, Herbert, *The Phenomenological Movement*（3. ed.），Martinus Nijhoff, 1982：H・スピーゲルバーグ『現象学運動〔上〕』，『現象学運動〔下〕』立松弘孝監訳，世界書院，2000年。

杉村靖彦「マルセル」（鷲田清一編『哲学の歴史　第12巻　実存・構造・他者』中央公論新社，2008年，171-191頁）。

鈴木二郎・児玉南海雄「我が国脳神経外科における植物状態患者の実態——特に頭部外傷による患者を中心に」（日本医事新報，2621，1974年，13〜19頁）。

田中彰吾「運動学習におけるコツと身体図式の機能」（『バイオメカニズム学会誌』Vol.37, No.4（2013））https://www.jstage.jst.go.jp/article/sobim/37/4/37_205/_article/-char/ja/

Thomas, Sandra P. & Pollio, Howard R., *Listening to Patients. A Phenomenological Approach to Nursing Research and Practice*, Springer, New York, 2002：サンドラ・P・トーマス／ハワード・R・ポリオ『患者の声を聞く——現象学的アプローチによる看護の研究と実践』川原由佳里監修，エルゼビア・ジャパン，2006年。

Toombs, S. K., *The Meaning of Illness. A Phenomenological Account of the Different Perspectives of Physician and Patient*, Dordrecht/Boston/London, Kluwer,1992：S. K. トゥームズ『病いの意味—看護と患者理解のための現象学』永見勇訳，日本看護協会出版会，2001 年。

Wahl, Jean, *Vers le concret*, Vrin, 1932（2ᵉ édition, 2004）：ヴァール『具体的なものへ』水野浩二訳，月曜社，2010 年。

ヴァルデンフェルス『フランスの現象学』佐藤真理人監訳，法政大学出版局。

ヴォーン，S., シューム，J. S. & シナグブ，J.『グループ・インタビューの技法』井下理監訳，田部井潤・柴原宣幸訳，慶応義塾大学出版会，1999 年。

鷲田清一『思考のエシックス：反・方法主義論』ナカニシヤ出版，2007 年。

鷲田清一『メルロ=ポンティ　可逆性』講談社学術文庫，2020 年。

山内典子『看護をとおしてみえる片麻痺を伴う脳血管障害患者の身体経験』すぴか書房，2007 年。

246

索引

●配列は五十音順，＊は人名を示す。

あ　行

昧性　65
現れ　87,91,95,97,98,106,108-111,119,
　126,128,138,223
＊アンドレ・マルシャン　129
医学の危機　40
『いきの構造』（九鬼周造）　76
生きられた経験　147,170
意識に直接与えられたものについての試
　論』（ベルクソン）　74,81
意識の志向性　15,18,19,21,24,25,27,29,
　30,33,35,37,57,226
イデア的意味　15
『イデーンＩ』（フッサール）　20
『イデーンＩＩ』（フッサール）　26,31-33,
　35,36,114,115
『イマジネール』（サルトル）　81
意味　10-12,14,19,24,25,33,35-37,39,
　40,47-49,53,54,58,62,93-95,99,109,
　119,120,134,148,152,154,155,165,166,
　168-171,183,191,216,218,224
意味・方向　119
意味経験の成り立ち　148-150
意味現象・意味経験の成り立ち　10,12,
　41,48,53,167,226
意味されるもの　124
意味するもの　124
『意味と無意味』（メルロ＝ポンティ）　123,
　127
インタビュー　183,193
＊ヴァイアーシュトラース　13
＊ヴァレリー　131
＊ヴァン・マネン　147
＊ヴィンデルバント　26,27

上にそびえ立つ　222
上にそびえ立つ普遍　205
エクシステンティア〔現実存在〕　83
エゴイスト　137
エゴイズム　136,144
エッセンティア〔本質〕　83
エピステモロジー　75
『エピステモロジー』（バロー）　75
エポケー　27,39,129
＊エリザベト王女　90
『嘔吐』（サルトル）　81
オランダ学派　147
....

か　行

絵画　126,127
解釈学的現象学　50,214
解釈的現象学　147
解体　204,205
＊カヴァイエス　75
顔　136-139,168,226
＊加賀野井秀一　123
可感性　115,189
可逆性　112,129
学問と人類にとっての危機　39
『学問論』（シェリング）　76
可傷性（傷つきやすさ）　141,142,144
「数」の概念　13
「数の概念について──心理学的分析」　13
語られたこと　143,144
語られたことなき語ること　144
語られた言葉　121-125
語ること　143,144
語る言葉　122-124
括弧に入れる　21

分担執筆者紹介

西村　ユミ （にしむら・ゆみ）
──────────── ・執筆章→ 12・13・14・15

1968 年　愛知県に生まれる

2000 年　日本赤十字看護大学大学院看護学研究科博士後期課程修了
　　　　　博士（看護学）

現　在　東京都立大学教授

専　攻　看護学

主な著書　『語りかける身体──看護ケアの現象学』（ゆみる出版／講
　　　　　談社，2001 年/2018 年）

　　　　　『看護師たちの現象学──協働実践の現場から』（青土社，
　　　　　2014 年）

　　　　　『現象学的看護研究──理論と分析の実際』（共編著　医学
　　　　　書院，2014 年）

　　　　　『看護実践の語り──言葉にならない営みを言葉にする』
　　　　　（新曜社，2016 年）

　　　　　『ケアの実践とは何か──現象学からの質的研究アプロー
　　　　　チ』（共編著　ナカニシヤ出版，2017 年）

　　　　　『急性期病院のエスノグラフィー──協働実践としての看
　　　　　護』（共著　新曜社，2020 年）

編著者紹介

榊原　哲也（さかきばら・てつや）
・執筆章→ 1・2・3・4・10・11・15

1958 年　　静岡県に生まれる
1988 年　　東京大学大学院人文科学研究科哲学専攻博士課程退学
現　在　　東京女子大学教授・東京大学名誉教授　博士（文学）
専　攻　　哲学
主な著書　*The Genesis of Husserl's Phenomenology: A Study on the Origin and Development of Its Method*, Translation by Takeru Eguchi, University of Tokyo Press, 2021.
　　　　　『医療ケアを問いなおす　患者をトータルにみることの現象学』（筑摩書房，2018 年）
主な訳書　フッサール『イデーン II - II』（共訳　みすず書房，2009 年）
　　　　　ドレイファス『世界内存在　『存在と時間』における日常性の解釈学』（共訳　産業図書，2000 年）

本郷　均（ほんごう・ひとし）
・執筆章→ 5・6・7・8・9・15

1959 年　　愛知県に生まれる
1993 年　　早稲田大学大学院文学研究科哲学専攻単位取得退学
現　在　　東京電機大学教授
専　攻　　哲学
主な著書　『メルロ＝ポンティ読本』（共編著　法政大学出版局，2018 年）
　　　　　『新しく学ぶ西洋哲学史』（共著　ミネルヴァ書房，2022 年）
主な訳書　『メルロ＝ポンティ　哲学者事典』全四巻（共編訳著　白水社，2017 年）
　　　　　ディディエ・フランク『現象学を超えて』（共訳　萌書房，2003 年）

放送大学教材　1559303-1-2311（ラジオ）

現代に生きる現象学
―意味・身体・ケア―

発　行　　2023 年 3 月 20 日　第 1 刷

編著者　　榊原哲也・本郷　均

発行所　　一般財団法人　放送大学教育振興会
　　　　　〒105-0001　東京都港区虎ノ門 1-14-1　郵政福祉琴平ビル
　　　　　電話　03（3502）2750

Printed in Japan　ISBN978-4-595-32390-4　C1310